世代的創傷到我為止

卸下包袱，重塑正向能量

Break the Cycle

A Guide to Healing Intergenerational Trauma

瑪麗・布奎 Dr. Mariel Buqué／著

盧相如／譯

目錄

第三部　煉化你的遺產

溫馨提醒

在本書中，我已盡我所能，在我的知識範疇內盡可能提供各種經驗。並力求我的語言和方法能知行合一。任何文本都會有局限性，但希望透過閱讀本書，你能感受到自己的存在和價值。倘若我在此所反映的內容與你的經歷不符，仍希望你能從這本書中獲取你能得到的，並關注那些能爲你帶來療癒的內容。

尋求專業協助的注意事項

處理代際創傷時，如有必要，請連繫專業人士（如諮商心理師）來幫助你面對所遭遇的情感問題。在處理創傷時若需要尋求幫助，或有意願接觸心理諮商治療，那麼任何以創傷為中心的治療工作，都應與受過創傷培訓和創傷反應能力訓練的持證專業人員一起進行。

❖ 若生命安全遭受威脅，請尋求當地有關單位前來協助。

前言　將你的傳承轉變爲代際的富足

我的外婆、母親和我都在貧困中成長。外婆幾乎大半輩子都生活在多明尼加共和國的巴拉奥納小鎮。我記得十歲那年，因爲家中和村子裡都沒有自來水，我和外婆一起走了一・六公里多的路。外婆身高約一百三十五公分，身材嬌小，在回家的路上，她一邊拉著我的手，一邊穩穩地把約三・七公升重的水桶頂在頭上，爲家人保存辛苦汲取的每一滴水。這幅畫面永遠無法從我的腦海中抹去。儘管物資如此匱乏，她仍珍惜所有，我因此感到既震驚又慚愧。她不僅汲取每一滴水、每一份食物，還得添購負擔得起的盥洗用品，只因這些都是生存的必需品。儘管她這一生都活在生存模式中，但她仍保有頑強的生命力。因爲外婆的緣故，我除了保留任何民生所需品之外，也保留生活中的每一件小物品。任何東西都不能浪費。因爲她使我明白一個人可以擁有強大的精神力量和快樂。

母親在四十歲時帶著兩名年幼的女兒移居美國，她一生也都堅持著這種節儉的精神，十分善於保存物品，一放就是幾十年——即使這些東西早已不堪使用。我們住在紐澤西州紐華克市一處低收入社區裡。在母親眼中，不應該任意丟棄任何一件物品，因爲在巴拉奧納的童年會讓她歷過「一無所有」，所以，即使我們的衣服穿不下或電器壞了，又或者其他家用物品不堪使用，都不會被母親扔棄，相反的，它們會被整齊地裝箱保存。多年以後，當我們有足夠的錢買新的東西時，舊有的物品就會被寄往多明尼加。因此，幾十年來存放的東西在家裡堆積如山。但漸漸地，我了解到在這些箱子裡眞正保存下來的並不是舊衣物或壞掉的烤麵包機，而是母親對一無所有的恐懼。這種匱乏的心態，自她童年起便根深柢固存在她的心裡，這種思維模式植入了她對於生存的恐懼，以及無法幫助家人的愧疚。

我和母親如今生活無虞，但我經常發現自己也和她一樣，留戀那些我不需要的物品。如果我把東西扔掉而不是把它們捐出去或寄回多明尼加，我就會充滿罪惡感；如果我沒有把東西用到最後一滴，就會發現自己在內心低聲說著「我很浪費」，因爲說不定哪天我會需要它、萬一屆時我一無所有。儘管家裡一直都有自來水，但我仍然生活在外婆的恐懼當中，擔心哪天沒有水可用。我和家人擁有同樣的恐慌，她們的恐懼不經意地轉移到我身上。當我小心翼翼地保存物品時，我感受到了對它們深深的忠誠。這樣做讓我覺得是在紀念它們，但過了很久以後，才意識到這份忠誠是要付出心理代價的。

幸運的是，因爲打破逐漸了解到的代際創傷所帶來的惡性循環，我幾乎擺脫了內疚和恐懼。我希望其他受此折磨的人也能擺脫對痛苦的「忠誠」，達到情感和情緒的平衡。若要做到這一點，那些受此苦難的人必須透過了解他們與家族的痛苦傳承間的代際創傷，才能獲得治癒。這並不容易，卻是可能的。這種治癒所帶來的富足是美好的，且值得我們付出努力。

但我們應該如何認定這種痛苦就是代際創傷？代際創傷究竟是什麼？

一切源於我在哥倫比亞大學歐文醫學中心的成人精神科門診工作的那幾年。我在那裡接受了博士生培訓。當時我正負責治療一位個案，治療過程十分艱難。在這世上，很少有事情比在治療中陷入死胡同更令人沮喪的了，而那這正是我和個案到達的地方。在那一刻，我們只能枯坐在那裡，房間裡瀰漫著一種令人窒息的無助感。我覺得自己已經沒有什麼可以提供給個案，因爲我所接受的培訓雖然很足夠，但並沒有讓我爲此刻發生的事情做好準備。

不久，我思索出身處迷霧之中的原因。我的個案背負著代代相傳的罪惡感、悲傷、悲痛、憂鬱、焦慮等。因此，我們不只要解決個案的痛苦，還要處理個案的家人和祖先的情感負擔，他們有的甚至已經不在人世。這是一項重大的治療挑戰。傳統西方心理學培訓並未教導心理諮商醫師做足準備，以治療病人的代際創傷。當個案帶著整個家族成員的情感創傷來診間時，我們沒有任何指導手冊。

在治療個案的過程中，我感受到了幾代人的重擔在其身上。在這趟治療之旅中，唯一的辦法就是穿越重重迷霧，處理過去幾代人的痛苦。儘管困難，但我知道必須進入深度探索才有辦法做到。

療程帶來的感悟永遠改變了我。從那時起，我每天都在思考代際治療的問題。我經常思考：一個人為何要背負人生從未經歷過的創傷？我想知道創傷如何從一個人傳遞到另一個人身上。我對於代際創傷代代相傳的方式越發好奇。它是否如同這位個案的故事一樣，還是有其他會在我們生活中出現的變異方式？為了找尋答案，我的思緒總在這上頭打轉。儘管幫助個案度過難關令我備感壓力，同時也感受到了做為一名臨床醫師的重重壓力，我仍堅持尋找出解決方案，以幫助無數受此折磨的人。那次治療成為我如何看待臨床工作的轉捩點：我的使命感油然而生，使我更能理解，當一個人帶著整個家庭的情感傷痛和治癒這種創傷的迫切心情前來就診，我要如何提供幫助。做為一名科學家，我決定調查需要採取哪些措施來治癒像你我這樣的人，擺脫家庭和社區經歷的幾世代創傷，用健康、適應性強的因應策略來取代這些創傷反應。

代際創傷在情感創傷中是唯一會橫跨世代的類型。許多家庭成員都可能經歷過這種創傷。但是，它是如何通過幾代人傳遞到你身上的？我們現在知道有兩種傳遞方式。第一種是透過**生物學**，具體地說，是透過遺傳自父母雙方的基因。這意味著，如果父母中任何一方經歷過創傷，將有可能從根本上改變他們的基因密碼，並將這些基因遺傳給你，使你因此受到壓力和創傷的影響。

第二種傳遞方式則是透過**心理經歷**，比如沒有受到照顧者妥善照顧、有害的人際關係、極端逆境、壓迫和一生中經歷的痛苦。這是創傷透過**行爲與習慣**，從照顧者傳遞給孩子或從社會傳遞給個人的方式。

現在，代際創傷可以被打破，基因遺傳不需要再傳遞下去，因此希望藉由這本書來治癒創傷。試想，當一個人帶著生理上的情感創傷，且在沒有安全基礎的保護之下，會發生什麼狀況？代際創傷會藉由創傷循環在你的生活中顯現出來。雖然這種類型的創傷源自家族中某個人經歷的創傷事件，但它對你的心理、行爲和情感卻產生了影響，甚至還可能影響到橫跨世代的家庭成員，以及整個社區。

代際創傷是一種心靈創傷，它造成的情感傷害具有很多層面，對一個人的心理（思維和情感）、身體（身體承受痛苦的方式）和精神（內在認知和與他人連結的中斷）產生影響。這使我意識到，治療也具有多維度，必須面面俱到地治癒一個人的心理、身體和精神，也包括治癒人的靈魂。

因此我十分推崇整合治療。我在此指的整合治療是指一系列的全人療癒。這是我在治療創傷時採取的治療方法，會針對人的各個部分做出調整。這種療法理解人類是所有部分的總和，所以我們採取的治療應該設法將人的各個部分整合在一起，感受自己是完整的個體。當我們的健康在某方面亮紅燈時，其他方面也會連帶受到影響。因此在治療過程中，我們將以全人治療做爲目標，讓整體受到療癒。

心理學領域至今尚未接受以整合療法治療情感創傷，但我有幸獲得爲期三年的獎學金，讓我能與經驗豐富的心理學家一起工作，他們知道透過非傳統、整合、祖傳和綜合的心理健康療法對個案有所助益。多年來，透過獎學金和我親身參與的臨床工作經驗，我了解到如果只讓某部分承擔傷口，比如只關注心靈而不關注身體的症狀，很可能把痛苦從一個維度轉移到另一個維度，無法取得完整的治癒。

當我開始學習如何識別和治療代際創傷時，我明白要治癒如此複雜的創傷，需要依靠傳統創傷治療法，同時也需要更細微與深入的方法。這種方法經過我多年研究開發，適用於個案，且有效地治癒了他們。

本書的寫作流程與我爲個案提供的治療方式類似。每一章我都會提供深入的引導，治療代際創傷癒合的各個面向，並提供一項練習，幫助你集中精神、運用所學。因此，你將看到我爲你提供的具體知識和各個層面的指導，期許你將課程內容融入自己的生活。在每一章的結尾，都有一套打破循環的做法。這些做法具有整合和治療的作用，且能幫助你完成該章的重點練習。如此一來，將能幫助你以更深刻的方式吸收內容。

對於每項練習，你可以選擇自己練習或與他人一起練習。集體療癒是一種非常特別的經驗。因此，如果你決定找一名夥伴或召集一群打破循環者，一起做每項章末的練習，不妨商討出有共識的方式。無論是選擇獨自或與他人一起進行，你們都可以選擇進行療癒的方式。

此外，每個章節都可以搭配聲浴靜心。聲浴是一種古老的練習方法，有助於放鬆身心。爲了幫助你進一步了解，第一章會有更深入的介紹。

總之，這些都將成爲你的工具，爲你提供指導。要知道，這段療癒之旅是屬於你自己的，因此盡可能找出適合你的方法吧！

現在，我將爲你介紹接下來的章節內容。首先，我將介紹什麼是代際創傷，以及它如何進入你的生活。第一部〈你繼承了什麼〉由五個章節組成。在每一章裡我們將深入探討什麼是代際創傷，以及一個人如何從父母、祖父母、祖先和社區裡繼承情感的痛苦。你將從心理、身體和精神層面上了解自己如何受到創傷的影響。儘管如此，你仍能從世代祖先那獲得內在的復原力。第一章〈你是循環打破者〉，我們首先要認識你在循環裡所扮演的角色。我將爲你提供一份指南，讓你爲未來艱巨而必要的工作做好準備，如此一來，你便擁有了在治療過程中，可以維持定心所需的工具。第二章〈你的代際高我〉，將透過關注你與生俱來的打破循環能力，深入探討跨世代智慧，使其成爲你可以一再返回取經的指南。接著，我們會幫助你練習與世代相傳的高我連結。第三章〈身體記得你的創傷〉將幫助你了解代際創傷是如何對身體和心靈造成影響，以及慢性疾病與代際壓力之間的各種關連。我們將透過練習來打破這種循環，從而幫助你減少壓力反應，平衡你的荷爾蒙。第四章〈你與未治癒的創傷〉，我們將開始探索「你如何知道自己面臨了代際創傷？」我將提供一份代際創傷癒合評估，旨在幫助你更深入地挖掘你的世代創傷歷史。這會是你首度對代際創傷進行深入的思考。隨後，我們進入第五章〈基因遺傳〉。在這一章裡，我將幫助你了解基因和細胞在創傷傳遞過程中所扮演的角色，引導你了解你的創傷如何與家庭創傷連繫在一起。爲此，我將幫助你建立起自己的「代際創傷樹」。你可以自己畫，也可以與其他人一起畫出這棵創傷樹。

第二部〈抽絲剝繭〉，首先要說明痛苦和治療之間如何互相影響，我將介紹嶄新且跨世代的方法來看待你的神經系統、內在小孩、受虐循環，以及文化價值觀如何使創傷代代相傳。第六章〈代際神經系統〉將更廣泛地帶你了解觸發事件、記憶和神經系統的角色，並透過練習來幫助你放鬆神經系統、減輕你的壓力反應。第七章〈你的代際內在小孩〉將幫助你了解父母身上未解決的內在小孩，如何變成你的內在小孩，以及它們如何交替循環。另外，我會介紹代際不良經歷調查表，讓你了解自己的童年和父母的童年是如何交織在一起，並進行跨世代的父母職再教育練習。第八章〈代際受虐循環〉，將提供杜絕虐待持續循環的最佳知識，做為你的武器。但我們不會止步於此，我會介紹一項打破循環的工具，幫助你克服具有挑戰性的關係動態。第二部最後一章，即第九章〈當集體創傷進入你的家庭〉，我們將討論集體創傷、自然災害、文化規範以及導致創傷在世代中延續的體制。我將引導你反思內化的觀念是如何助長集體創傷，並邀請你將療癒延伸到社區中的其他人。

第三部〈煉化你的遺產〉開始鞏固循環打破者的身分。最後這個部分包括三章，將引導你度過悲傷，從代際創傷中成長，並建立你的代際遺產。第十章〈哀悼你的創傷血脈〉，讓你了解家族間的祕密為何總是避諱不談的原因，幫助你釋放羞恥感，並提出一種使你與最親近的人以代際創傷進行對話的技巧。第十一章〈實現代際復原力〉，將幫助你了解做爲循環打破者，如何參與代際創傷後的成長。透過「打破循環練習」，你將學會如何增強代際復原力。最後一章，即第十二章〈留下世代相傳的遺產〉，幫助你學習打破循環的生活方式，從而對後代產生積極影響。我們將介紹循環打破者如何教育子女、可以採取的方法，以及你希望爲這個世界留下的影響。本章最後一項練習將幫助你在傳承過程中提煉你的遺產。

這是消除代際創傷的綜合處方，以及如何進行這項工作的深入指導。

我寫這本書的目的是爲了讓你從中學習和實踐。這不只是一本書，而是讓你可以應用到日常生活的指南。因此，我鼓勵你隨身攜帶一本筆記和筆，我將介紹各種練習、反思問題和寫作提示，幫助你在閱讀的過程中，探索和表達感受，一起打破循環。日記將成爲這項工作的重要工具。

本書我所提到的循環打破者，**就是你**。你是那位決定打破循環的人。我很感謝你決定治癒自己，踏上代際傳承之路，拋下長久以來所背負的沉重負擔。你將意識到自己不再需要背負沉重的負擔才能感受到生命的存在；相反的，生命可以是輕鬆與充滿平和的。我希望你能夠成爲打破代際創傷循環者，將你的傳承轉變爲代際的富足。讓我們展開療癒吧！

第一部

你繼承了什麼？

Chapter

1 你是循環打破者

我們有責任打破世代相傳的詛咒。當他們說「這是家族遺傳」時，你要告訴他們：「這正是根源所在。」

——佚名

如果你正在閱讀這本書，你很可能是一位打破循環的人，決定為你的家族和社區創造不同於你繼承的家族遺傳。你的療癒探索不只為自己，更是一種集體動機。透過成為循環打破者，繼往開來傳遞療癒的能量。這是一項繁重的任務，當你選擇了它，或者它選擇了你，你將有能力解放你的代際創傷。

打破循環會帶來巨大的回報。雖然需要一些時間，但當你真的獲得回報時，內心會感受到一股平靜的輕鬆感。你也應該感受到情感上的自由，不再背負世代的負擔。打破循環使我們放下過去的包袱，邁向美好的未來。打破循環者是自己**選擇**成爲打破循環的人，對你來說，這個選擇可能是看到你的家族和社區受到不得不忍受的傷害之後，才做出的選擇，也可能源於你希望爲自己和家族創造不同的遺產。可以肯定的是，全世界的循環打破者都有一個明確的目標：確保世代重複的創傷模式隨著自己結束。透過閱讀本書，你將朝著這項目標邁出一大步。

循環打破者是一項抽絲剝繭、身負多重任務，爲了追求眾多世代和平的工作，這是爲了你、祖先、後代、社區和全球人的和平所做的努力。具備這種心態的人，他的內在認知到這種和平是值得奮鬥的。

許多循環打破者不知道自己正是這樣的人，他們只是在內心認爲事情必須有所改變，於是決定改變不斷重複的循環，迎接自在、快樂和健康的生活。他們想到自己孩子的生活，希望他們能與自己有不同的經歷；想到自己的家庭經歷了多少苦難，覺得有責任改變這一切，治癒困擾家族的創傷。他們還看到自己所在社區的種種不健康現象，覺得自己必須爲社區做出改變；看到創傷經歷對全球的影響，並希望改變現狀，爲所有人創造更美好的地球村。他們認爲，除了治癒之路，沒有其他出路。因此，他們積極抵抗現狀，每天都在和所受的教育或他們被對待的方式抗爭。爲此，他們依靠直覺、信念和勇氣，創造出一種打破循環的方式。事後，他們能夠看到這對自己和身邊的每個人來說，都是一次強而有力的修正。打破循環的人做了這一切，意味著你可能也已經在做這些事情，即使在這之前你從未獲得「循環打破者」的稱號。你可能正處於打破循環之旅的起點，也同樣是趟強大的旅程。

循環打破者擁有各種不同的特徵，所以你可能需要寫下能引起你共鳴的特徵。成爲循環打破者意味著：

❖ 看到流淌在你身上世代相傳的智慧和韌性。
❖ 選擇瓦解你的血脈中的創傷反應。
❖ 承認自己在維持循環中的作用。
❖ 願意探索內心以切斷痛苦之源。
❖ 願意承擔破壞循環模式的後果。
❖ 時刻在日常生活中進行心靈練習，保持對自我情感經歷的覺知。
❖ 維持能對身體產生積極影響的生活方式，特別注意你的表觀基因組（DNA中可代代相傳的化學變化）。

❖ 使你的靈魂在以心靈為基礎的實踐中重生。
❖ 承認你的DNA不是無法改變的命運。
❖ 不願在帶有「基因缺陷」這樣的想法下生活，想轉變為擁抱豐富基因的心態。
❖ 願意做出調整，並讓身體幫助你更有能力去吸收壓力。
❖ 將社區中的靈魂視為自己靈魂的延伸，並相應地對待他們。
❖ 打破不斷循環的不平等集體創傷系統。
❖ 願意向他人傳播治療知識，使我們能夠更全面地治癒這一代人。
❖ 將自己視為影響後代而仍在世的祖先。
❖ 決定讓遺傳性創傷的惡性循環在你身上終結。

這些特徵中的一個、某些或全部可能會引起你的共鳴，使你成為循環打破者。你的「打破循環」印記將是獨一無二的。花點時間反思一下，問問自己：「我的打破循環特質是什麼？」一旦你這樣做，請繼續閱讀下去，因為你將從本書了解做為一名循環打破者所能夠實現的目標。

我的使命是幫助你榮耀這項工作，並爲你提供工具，幫助你駕馭沉重的情緒，以及你與自己、家人或社區成員進行對話。在你繼續勇敢地開展打破循環的工作時，我希望能爲你提供指示，並爲你與生俱來的使命加油打氣。

如何做好準備？

每個循環打破者皆不盡相同。然而，有一點是相同的：沒有一個循環打破者覺得自己已經做好準備。因爲沒有一個完美的時間、感覺或線索讓你知道何時該採取行動。

我的一位個案曾做過一個夢，夢見他的祖先身上帶著藍色光環來到他身邊。在夢中，個案並沒有聽出祖先對他說了什麼，而是「感覺」祖先像是在對他說：「你必須打贏這場仗。」他對這個夢的解釋改變了他的步調。他的潛意識裡認爲祖先與他同在，而他也已做好迎接未來，並爲之奮戰的準備。

身體與心靈是靈魂這個更高意識的載體。因此，我們必須認眞傾聽潛意識的聲音。我的行動號召也是從夢中發出的。一位我仍在世的長輩——我的父親——給我的訊息。他告訴我：「孩子，是時候了。」這是當時我覺得自己還沒準備好、什麼都做不了時所收到的訊息。冒牌者症候群使我覺得自己吸收了幾世代的謊言，並削弱了我的自信心。這種症候群是指你覺得自己是名不折不扣的騙子，或不屬於某些特定的空間，這種感覺是世世代代被排斥於這處空間之外所造成的。但我對這個夢的解釋幫助我轉變了心態。我願意接受父親的訊息，這對我來說，預示著自己即將展開打破循環的旅程。

也許你已經收到了一個徵兆或信號，而它們正在爲你的旅程做好準備，以站在你的世代更高的自我中；也或許是你的內在的聲音在對你說話，請相信你的靈魂已經做好準備。

整合實踐治療

你是否還記得，我的家族世代創傷的一種表現形式是囤積物品，當我能夠放下外婆贈予的馬克杯時，我意識到自己打破了循環。那是一只漂亮的白色馬克杯，內壁是紅色的，握柄上有一個洞，可以用來放置搭配的小湯匙。她把杯子放進從多明尼加寄來的行李中，帶著她對我的愛，一起寄給我。外婆的舉動令我相當感動，因爲她的東西不多，但她盡其所能地把這份禮物送到我的手上，也送進我的心坎裡。這份禮物對我來說意義非凡。多年來，我每天都用這只杯子喝水，我常常一邊拿著杯子，一邊想著外婆的話語和聲音。這只杯子成了我的居所裡一只很重要的物件。某一天，杯子摔碎了一地，而且無法修復，更令人痛心的是，這件事發生在外婆去世後幾個月。連結我與外婆間的馬克杯摔破了，我因而感到傷心欲絕，甚至因爲沒有好好愛惜這件物品而感到內疚。當然，害怕失去也是我受傷經歷的一部分，我害怕如果沒有靠馬克杯來連結我們，我在精神層面上將與她斷了那條神聖的連繫——對我來說一直是支撐著自己的力量。

然而，我卻憑直覺知道自己應該怎麼做，甚至覺得外婆在冥冥之中幫助我如何治癒這一刻。由於創傷深入我的靈魂深處，如果日子要繼續過下去，我勢必採取行動，療癒自己。

在我心中，我必須挑戰失去連結的恐懼，並提醒自己，我還有各種與她永遠保有這樣連繫的方式；在我的身體裡，我必須深呼吸，專注於自己的心，以治癒透過身體疼痛表現出來的心碎；在精神上，我決定開始寫信給外婆。這提升了我與她的連結，直到今天。

這段經歷也影響了我與個案的工作方式。寫信給祖先成了我使用的工具，讓希望與摯愛的祖先保持愛與智慧的連結的個案，不會因意外而斷了連結。我們的工作是治癒那些具有挑戰性的想法和情感，而這些是祖先無法治癒的（心理治療）；我們努力擺脫身體對這些創傷的記憶（身體治療）；幫助我們感受到穩定、重新建立連結（精神治療）。這是一個層疊交替、深度整合的工作。打破惡性循環意味著要對這些已經深植於家族靈魂，而如今深植在我們身上的經歷展開治療。不僅在過去，至今這仍是理清世代創傷留下的層層傷痛的唯一方法。若只關注心理，卻讓身體和精神仍飽受創傷，同樣會讓你和深受世代影響的祖先般，陷入創傷之中。我不希望你仍深陷傷痛，希望你能體驗全面的治療和眞正的情感解放。我們將採取整合治療法，以治療在你身上經歷過的多重創傷。

準備開始練習

世代創傷遠不只表面上看到的那麼簡單。多年來，我有幸與之共事的多數個案都需要剝開層層創傷，才能進行治療。在治療之初，往往只是爲了解決生活中的一個問題，最終他們才明白，他們經歷的痛苦是有層次的，有些層面甚至不屬於自己，而屬於家族和世代祖先。一開始，你可能認爲自己的掙扎是由某件事引起的，後來才意識到是遺傳的創傷令你不斷深陷痛苦。當創傷遺傳給後代時，它很可能會以其他症狀表現出來，比如長期憂鬱、嚴重焦慮和無法專注，因此一開始很難發現。

幸好，你意識到痛苦來自遺傳，所以現在可以採取行動。這種覺悟對未來的工作至關重要，但也有很多事情需要面對。因此，當你開始這場治療探索時，感到心情沉重是很正常的。過程中，你的心情有時會變得輕鬆，有時卻會變得更加沉重。重要的是，你的治療不會是線性的。你的情緒會一波又一波地朝你襲來，期間會有高潮，也會經歷低谷。設定你對旅程的期望，可以幫助你順利度過這段經歷。這對幫助你爲未來的艱難時刻做好準備至關重要。

一旦進入深度治療，你的壓力水準會就會升高。打開心理這扇大門可能會觸發壓力。因此，你必須爲整個工作制定一項因應計畫。這是因爲當身體被觸發時，神經系統會觸發交感神經反應。從本質上來講，你的情緒反應會迫使身體進入生存模式，此時，包括緩解壓力所需的複雜思維都會受到影響。

情緒失控或者面臨情緒崩潰時，當事者需要有一張面對困難情緒的地圖，以便在情緒感到難以承受時，擁有預先計畫好的因應技巧。它可以讓你在經歷任何痛苦時做好準備，幫助你更快擺脫生存模式。

請根據以下步驟啓動計畫：

❖ 選擇一處安靜舒適的地方，在那裡你不會受打擾。

❖ 決定一種安定心神的方法，幫助你回到身體。「五感法」可以幫助你找回安定感：當你在原地坐定後，請留心周遭環境。首先，環顧四周，列出你能看到的五種事物。然後再次掃視房間，列出四件你可以觸摸到的東西。在完成觸覺的部分後，再列出三件你能聽到的東西。之後，再次環顧四周，尋找兩樣可以聞到的東西。最後列出一種你能嘗到的東西。

❖ 心神安定之後，你便能進入「預先因應」練習，想像自己從一項艱困挑戰中生存下來的情景。

❖ 首先，想像某個令你受到**輕微**觸發的情境。慢慢來，並盡可能生動。

❖ 在腦海中演練如何因應這種情況。這意味著，你要確實設想自己找到解決問題的辦法，並且感到放鬆。

❖ 現在，做十次緩慢的深呼吸：吸氣五秒鐘，吐氣七秒鐘。同時，繼續想像自己感覺愉快和輕鬆。

❖ 最後，讓自己休息片刻。你也可以在原地多坐幾秒鐘。

這項練習能讓你看清一件最重要的事：每個問題都是可以解決的。你可以找到解決辦法並繼續前進。每當感覺眼前的工作是件不可能完成的任務時，提醒自己：這是可以解決的。

溫馨提示

世代治療需要讓你感覺到這項工作是安全、可以忍受的。因此，請按照自己的節奏進行，並注意適時休息。如果這項工作令你覺得負荷過重，不妨尋求一位共同治療夥伴，或尋找創傷反應治療的專業人士來幫助你完成這項深度工作。

安定心神的頌缽聲浴

我希望你在閱讀本書並參與其中的練習時，盡可能在心理上感到安全。但心理上感到安全是指什麼?**它是你在當下，無論是身體上還是精神上，都覺得自己不需要逃避的感受**。如果你感到安全，就能停留在當下，跟隨我所提出的治療方法進行練習。爲此，我想介紹一種方法來幫助你安定自我：聲浴靜心。倘若你對此方法不熟悉，我在此簡單說明。

聲音療法是指利用特定頻率的聲波，在人體內產生振動，進而幫助身體感到輕鬆和療癒。聲浴發出的振動頻率能對細胞發揮作用，這種聲音能量能重新調整神經系統中被阻塞或凍結的緊張狀態。這種振動幾乎像是輕輕地把身體能量搖回原位。因此，當你的神經系統因高度壓力和創傷失去平衡時，聲波可以對細胞發揮作用，利用細微的力量，幫助它恢復平衡。當創傷成爲日常生活中的一部分時，我們需要以平衡的概念爲中心，否則就有可能失去平衡。

聲浴的歷史悠久，比現代醫學還要早幾個世紀。起源於藏傳佛教的水晶頌缽是我選擇的聲音療癒樂器，在敲擊時會發出多重音符，透過在你身體的特定區域（也就是脈輪中心）產生振動，幫助消除阻塞的能量。這項做法已有兩千多年的歷史，傳統上會伴隨著靜心和吟唱。吟唱的做法在世界各地都有其淵源，當與其他治療的聲音搭配使用時，幾乎能立即對人的身心產生鎮靜作用。

我的目標是盡可能爲你提供工具，幫助你保持身心平衡的狀態。你擁有的工具越多，就越能感到情緒穩定。爲了幫助你安定心神、促進療癒，並將你與祖先的智慧連繫起來，我借鑒了這一古老的做法，製作了三種聲浴靜心療法。在借鑒上述做法時，希望我們都能尊重它們的起源，在你我誕生於地球之前，西藏人民和他們的後代就已經將聲浴做爲一種實踐方法，其最初的目的是集體治療。

本書所附帶的每個聲浴旨在加深你的體驗。如果可以，歡迎你將這些聲浴做爲每一章的總結，讓自己在聆聽時得到片刻的喘息和休息。

更多聲浴靜心，請參閱附錄D。

團體療癒

獨自面對這一切似乎令人生畏。倘若你覺得需要借助團體的力量，可與另一個人和你一起踏上這段旅程，把此當成治療策略。找一個你認爲重要的人一起接受療癒，將會對你的治療之旅大有裨益。但請記住，無論你選擇結伴還是自我療癒，這都是你的選擇，你將會憑直覺知道自己的選擇是否正確。

重要的是，你邀請的人必須同樣致力於完成打破循環的艱苦工作，並在你打破循環的過程中幫助你。

每當我向個案提出這項建議時，我通常會感到對方的猶豫。倘若你有這種感覺，是很正常的一件事。我的個案通常會認爲，與其邀請自己的家人踏上療癒之旅，不如讓情感受苦最深的人和他們一起完成這項工作。不過這與我的初衷大相逕庭。我會要求你考慮與讓你產生安全感的人（無論對方是否爲家人，在世或過世的人）一起進行這項工作，而不是可能會觸發你情緒的人。這是因爲在療癒過程中，有時會面臨情緒的潰堤。我的出發點並不是要你再去承擔更多的情感負擔，而是提供一種方法來減輕你已經背負的重擔。如果共同治療或團體治療的概念很吸引你，那麼就可以考慮適當的人選，邀請此人和你踏上這段旅程。如果覺得獨自一人繼續這個過程的療癒效果會更好，那麼聽從直覺也無妨。無論你選擇哪條路，記得寫下過程，進入你的第一項打破循環練習。

打破循環：打破你的世代約定——重立契約練習

直到現在，你的自我仍有部分在潛意識中深受創傷，並維持著承繼自遺傳的痛苦和創傷的舊模式，如同契約般維持著這個循環。但是，做為循環打破者，你必須打破這項模式，也需要釋放它。你必須承諾拋開舊有，並迎接更健康的循環模式。因此，為了做到這一點，我希望幫你打破舊有的契約，寫下新的契約。請拿一張白紙，寫下以下內容：

❖ 自從（日期）以來，我一直呈現的是受傷的自我。我在潛意識中陷入了世代創傷的循環，使我在幾十年來一直受到傷害。有時，我甚至沒有意識到自己受到了影響，它阻礙了我和家族的發展。我不想再被這種契約束縛。我要釋放它，放手讓它去。

❖ 現在，拿起這張契約，將它撕成碎片。

❖ 在日記本寫下一份新契約，幫助你達成約定，致力於打破循環之旅。你可以寫下：

從（今天的日期）開始，我將全心全意地成為循環打破者。有意識地從世代與祖先的更高意識，為自己、家族以及周圍的人來做這件事。

❖ 在契約上簽名並註明日期。

❖ 反思這次的實踐對你的意義。從你的思想、身體和精神上作何感想？也就是說，你在靈魂深處有何感覺？

目前所學到的知識

在本章中，我們讓你了解到你是循環打破者的事實。我們對「循環打破者」做出定義，並留出了一些空間讓你對此定義進行補充。你還學會了如何在接下來的章節中為你的療癒做好準備，本章最後，我們邀請你打破潛意識中建立的痛苦契約。這很重要，我希望你感到自豪，你的祖先也肯定如此。現在讓我們繼續往下思考。

自我反思

1. 將「循環打破者」的概念應用到自己身上的感覺如何？
2. 你對未來的療癒工作安排做何感想？
3. 打破循環的契約令你感覺如何？

Chapter

2 你的代際高我

你原是一個人／
但當你撼動整個團體穿行過你／
你不再踽踽獨行

——露琵·考爾（Rupi Kaur）

既然要成爲循環打破者，那麼是時候邁出下一步：了解你的**代際高我**。要接觸代際高我，需要承認並獲取內在已擁有的復原力和祖先的智慧。通常在進行代際療癒之旅時，人們往往希望直擊痛處。這很容易使你忽略在此經歷中同樣重要的面向：你的代際復原力。

創傷並不是唯一會代代相傳的經驗，慈愛或是肯定的力量也會傳承下去。要了解如何進行世代療癒，首先需要與世代的智慧建立連繫。在那裡，你會找到力量和內在知識，幫助你在未來的道路上取得復原力。儘管這已經是你與生俱來的特質，但我仍想進一步指導你如何發掘世代相傳的療癒力。

你可能聽過「高我」這個概念——高我並不是一個經過完美療癒後的自我，因爲完美的痊癒只是神話。相反的，它是你的高層意識、睿智自我、與生俱來的智慧。當你擁有清楚與穩定心靈時，會感到心神安定、情緒穩定。代際高我包含了所有這一切，甚至更多。

代際高我反映出你的內在智慧以及祖先的智慧。它既是你的天賦知識，也是傳承的知識、一個分層次的高我。代際高我是世代富足的具體展現。榮耀你的代際高我，意味著與更高的目標保持一致。把自我毀滅的能量轉向世代間的提升力量。我們的目標是讓你接觸到代際高我及其智慧，首先需要幫助你更加了解它，並與之接觸。

在此，我舉一個自己的例子，來說明我如何跨入代際高我。在我攻讀博士的第一個學期，母親曾與我分享了一段話，帶給我力量。當時我正面臨人生中最嚴重的冒牌者症候群。做爲一名來自工人階級背景的拉丁裔黑人移民，就讀常春藤名校意味著我會不時提醒自己與這個世界有多格格不入。我幾乎每天都在面對，同時也無法忍受這些種族主義、階級衝突和歧視。當我告訴母親這些經歷，以及我多麼想放棄目標時，她傳達給我一個世代相傳的眞理，讓我終身難忘。她說：「妳出身於一個堅強、機智的家族。上帝是妳的後盾，我們也是。妳已經是名勝利者。現在回去，讓他們看看妳有多強大。」我遵從母親的話。我站在世代相傳的力量和世代的智慧當中；我以代際高我之姿向他人展現；每當冒牌者症候群使我心中產生恐懼時，我會記起母親說過的話：「妳擁有無比巨大的力量。」然後大聲地說出來。事實的確如此。冒牌者症候群來自我所屬的族群，世代被告知「他們不屬於這個世界」已悄然進入我的靈魂。然而，母親的話提醒了我必須打破這個世代相傳的謊言。我是名來自家族賦予我力量、機智、堅強、韌性和智慧的女性。現在我知道自己的冒牌者症候群並不是事實，而是承襲自世代遭遇被邊緣化的結果。它是我和所屬族群的許多人遭受孤立、拒之門外、感覺自己不屬於這個世界的一種方式。但我們確實屬於這個世界，我全心全意地走進了世界。我的代際高我便是在這一刻有了成長。它幫助我度過了人生中最艱難的時刻，我希望它也能幫助你。

代際高我

高我是一個幫助你開悟的地方，也是你心中最睿智的部分。所有最眞實的欲望和自我療癒都會被高我攔截，閃現的直覺、靈感和非語言交流都是這種內在經驗的一部分。你的世代高我既是個能自我開悟，還能帶給你先祖智慧之處。祖先累積的意圖、願望和智慧層層疊加，形成了你的代際高我。當你與代際高我協調一致時，你將處於一個充滿愛、滋養、祖先智慧和直覺的地方。從這個角度來說，它是神聖的。當你深入這種世代提升的力量，你將體驗到更深刻的平靜、自我信任、好奇心和自我覺察。透過這些天賦，你將得到開悟與自我實現。

世代創傷迫使我們麻痺自我的創造力、喜悅和對生活的整體熱情。然而，你的代際高我會幫助你重新點燃潛能，讓你成爲浴火鳳凰。當你不斷致力於重新整頓自己的靈魂時，你的新預設值將依靠內在智慧，最終，你可以自發性地使用這項工具，也將因此重塑大腦和神經系統，讓你在面對壓力時能更加從容。有很多方法可以讓你開始與代際高我建立連繫。我們將重點介紹一些你可以執行的方法。

深入你的代際高我

你的代際高我是一項工具、一種治療的方法，也是解放世代的催化劑。挖掘它意味著你正發揮與生俱來的能力，幫助自己減輕承襲自世代的痛苦。要做到這一點，有被動和主動兩種方法。對有些人來說，他們能輕易地與代際高我產生連結，這種智慧很可能讓人覺得超越現實，因爲這位未來的自己會以各種象徵、徵兆、想法、夢境和故事向他們展現自我，儘管他們並不是時刻都能察覺。然而，因爲這些訊息來自深層內在，所以他們會感到踏實、穩固、值得信賴。以下是你的代際高我試圖連繫你的方式，請留心：

❖ **靜坐**：可以孕育出我們最深層的洞察力。找一處安靜的地方坐下，專注於周圍的環境，傾聽思緒的去向。如果你的心靈開始遊蕩，沒關係，只要輕輕地把它帶回專注的狀態。這種專注於當下的方向感可以幫助你更加體驗內觀的時刻，並清除腦中那些希望從潛意識進入意識的雜亂訊息。

❖ **主動靜心**：如果你的心靈能更加向內集中，你可以更容易將注意力轉向代際高我想傳達給你的訊息和指引。簡單的靜坐靜心就能幫助你更接近高層意識希望你聽到的訊息。但如果你是名無法靜下心的人，不妨透過活動身體來進行靜心。有些人選擇在散步時不使用手機，仔細聆聽周圍的聲音和徵兆。舒緩的散步可以幫助你進入不同的意識狀態，因爲它提供了一個強大的靜觀時刻，讓你更容易連結內在更睿智的部分。如果你對散步靜心不感興趣，也可以選擇瑜伽、太極拳和舞蹈。

❖ **做夢**：睡眠狀態的夢境不在意識的控制中，在這種狀態下，你的心靈能夠挖掘出潛意識裡更深層的東西。只要你願意傾聽，夢能爲你提供更高層的訊息，有些更古老、更偏向精神分析的心理治療領域（包括夢境分析）會以此評估我們深層、複雜的創傷。夢境向我們傳遞關於情感世界裡的訊息。留意夢境是一種很好的方法，可以測量和追蹤無意識心靈徘徊的地方。

❖ **走進大自然**：與自然連結不僅能滋養心靈，還能幫助我們與身邊存在的許多微小奇蹟連結起來。地球是眞正具有智慧的祖先，挖掘大自然的不同層面，可以幫助我們捕捉眼前的智慧。這裡的任務很簡單，比如赤腳走在草地上或在公園漫步。你可以盡情發揮自己的創造力，對地球上的微小奇蹟產生好奇。

❖ **與睿智自我對話**：與你的代際高我進行持續對話，就像它們活生生出現在你面前，將幫助你獲取它希望你了解的任何訊息。對有些人來說，對著鏡子與自己對話也很有幫助，這可以讓你不斷練習和自己聊天。你會驚訝地發現，當自己以這種方式與代際高我結交朋友時，會出現與以往不同的想法。

❖ **透過書信和日記**：我喜歡把寫信或寫日記看做是寫作靜心。把想法、欲望、幻想、問題和直覺寫在紙上。如此一來，就能更具體地聚焦於你正在尋找的問題解答，然後再回歸問題本身。在日記上寫幾句話，看看你的代際智慧想告訴你的事。

❖ **想像練習**：利用與睿智自我產生的連結，讓想像化爲具體。想像你的代際高我來到你面前，向你傳遞療癒的話語。這項工具能讓你沉浸在安全和包容中。現在不妨來試試：

1. 試想你的代際高我，腦海中是否會出現一個形象？它們的穿著？姿態？如何說話？是否像生活在不同時代的你？還是另一個人？也許是你的指導者或祖先？它們是人類，還是更貼近神話中的眾神形象？發揮你的創造力，對它們帶有好奇。
2. 與之溝通，傾聽它們的心聲。有時，可以將這些練習寫成日記，記錄下你所聽到和看到的，將會有所幫助。

這些練習所產生的結果因人而異。即使不是全部，當中許多做法對你來說都是新的嘗試。因此，一項重要的經驗法則是：**無論你感受到什麼，都要敞開心扉，樂於接受**。訊息一開始出現的方式可能會讓你覺得不自在，但請記住，對於更高意識抱持開放的態度，我們將接收到更強大與更直接的訊息。因此每次練習時，對留給你的訊息抱有好奇心，並帶著開放的心態接受它們。接收更睿智的思想有很多好處，包括：

- ❖ 獲得有助於指導你的新視角。
- ❖ 讓你感覺更定心。
- ❖ 增強向代際高我的智慧借鏡的能力。
- ❖ 幫助你更加欣賞自己與生俱來的智慧。
- ❖ 幫助你培養耐心，甚至是自我慈悲心和集體同理心。
- ❖ 幫助你理解自己與生命和宇宙的各個元素是如何相互連繫。
- ❖ 幫助你擁抱自己的多重身分和出身。
- ❖ 幫助你堅持希望，儘管生活曾打破它。

即使這些實踐方法讓你感到陌生，也不符合你平時發掘智慧的方式，但它們可以爲你的旅程增添深度。記住，這是關於提升智慧和增加療癒力的方式，能爲你提供幫助。

打破循環：進入你的代際高我──「空椅療法」練習

我想向大家介紹一種改良版的干預方法。心理學稱之為「**空椅療法**」。它源自完形治療（Gestalt therapy）的一種療法，旨在將一個人視為不同部分的總和。它能幫助我們從多個角度看待問題，以了解它們如何相互產生關連。原始的空椅療法只有一把空椅子，我為代際溝通設計的空椅療法則需要放置三把椅子。一把椅子象徵你的創傷自我，另一把象徵你的代際高我，最後一把象徵你的代際祖先。代際高我反映了我們在本章中討論過的所有特質；創傷自我則象徵著你身上背負的代際創傷；代際祖先則是指你身上擁有最睿智的洞察力和祖先的智慧。

當你做這項練習時，倘若無法實際在座椅間移動，可以設想自己坐在不同的椅子上。

另外需要注意的是，將你想對自己說的肯定話語放在心裡，而不是實際大聲地說出來。

❖ 首先，坐在你指定的創傷自我椅子。

❖ 如果感到安全，請閉上眼睛，以提高專注力。

❖ 現在試想這些問題：

1. 創傷的感覺是什麼？

2. 當你想到這道傷口時，會產生什麼情緒？

3. 你的身體有什麼感覺？

4. 你的心靈如何截取這道傷口？

5. 此時，你希望聽到什麼？

❖ 當你沉浸在這種體驗時，做幾次深呼吸。

❖ 現在睜開眼睛，移步到代際高自我的椅子。

❖ 轉向創傷自我的座椅。

❖ 看看你能否想像創傷自我坐在那裡。

❖ 想像你想對創傷自我說的話。你的創傷自我現在需要聽到什麼？

❖ 現在大聲說出你認為創傷自我需要聆聽的話。

❖ 現在坐在代際祖先的椅子上。

❖ 再次轉向創傷自我的椅子。

❖ 繼續想像創傷自我坐在那裡。

❖ 試想你認為你的祖先會對創傷自我說的話。你的創傷自我現在需要聽到什麼？

❖ 現在大聲說出你認為創傷自我想聽到的話、從祖先的角度。

❖ 現在，持續坐在你的祖先椅上，轉向你的世代高我椅子。

❖ 想像你的代際高我坐在那裡。

❖ 從祖先的角度試想你想對你的代際高我說的話。

❖ 現在大聲說出你認為你的代際高我需要從祖先的觀點聽到什麼。

❖ 閉上眼睛，想像你的三個部分融為一體。

❖ 根據需要，盡可能長時間地沉浸在這種體驗中。

❖ 深呼吸幾次，從練習中跳脫出來。

❖ 準備好後，在日記中寫下關於這次體驗的想法。

目前所學到的知識

在本章中，你學習到關於代際高我的一切，你擁有內在的睿智，並承載著祖先的智慧。透過指導，引領你如何利用這種世代復原力，並透過空椅療法，進一步將你與世代相傳的洞察力連繫起來。進行下面的反思問題，並請寫下腦中想到的任何問題。在下一章，我們將聚焦於解讀世代創傷如何成為身體的記憶。

自我反思

1. 把自己想像成一個代際高我是什麼感覺？
2. 你如何利用空椅療法完成代際溝通？
3. 代際治療中，你想要展現出的療癒自我是什麼樣貌？

Chapter

3 身體記得你的創傷

創傷不僅僅是過去發生的某個事件；它同樣也是一段銘記在心理、大腦和身體的烙印。

——貝塞爾．馮德．科爾克（Bessel van der Kolk）

當我們的身體被有毒的壓力壓得喘不過氣，並且一再經歷這樣的壓力，它們就會開始耗損。如果神經系統產生大量的消磨，就會形成調適負荷（allostatic load），這是人體長期累積壓力的結果。當壓力堆積，神經系統得不到足夠的休息和修復，就會使我們的調適負荷不堪重負，耗盡人體找回自身平衡的能力，進而損害了健康。可以想像，這對我們這些承受世代壓力的人而言，是非常重要的。因爲我們的身體和祖先的身體世代處於超負荷的狀態。這對我們來說是不小的壓力，因此，在往下閱讀時，請放慢速度。

精神創傷會對身體造成傷害，導致身體發炎。當神經系統和免疫功能失調，可以回推是心理壓力對身體造成傷害。經歷過度情緒創傷的人，容易在不經意間，過度透支自身的調適能力，比如使肝臟過度分泌糖皮質素。有趣的是，這不僅會影響肝臟的功能，也會影響大腦的主要記憶核心。另一個例子是，創傷會引發神經元產生修剪或「剪枝」的過度反應，這是長期壓力所致，將使你面臨神經退化的風險，也可能引發如肌萎縮性脊髓側索硬化症等疾病。慢性壓力會以各種方式刺激你的身體。當你的基因開始長期記錄這些因壓力所產生的反應時，就會發生表觀遺傳變化。但故事並不是到這裡就結束了，你可以重新找回身體的平衡，以降低罹患併發症的風險，或減少已經棲息在體內的疾病發展，其中一種方法是讓你的神經系統更加放鬆、釋放體內過多的炎症負擔。透過本書的一些練習，你已經學會如何讓自己放鬆下來，但我們將繼續了解更多關於身體與心理之間的連結，幫助你緩解毒害身體的壓力。

身體與心靈密不可分

身體約莫百分之六十到八十的疾病都與壓力有關。希望你對於壓力對身體造成的影響已經有足夠的認識，了解身體與心靈密不可分，以及壓力對於兩者產生的影響。相反的，當你透過療癒工作釋放了心靈的沉重負擔，身體就會感覺更輕鬆。心靈放鬆練習有助於治癒你的身體，而身體放鬆練習則有助於治癒你的心靈，兩者皆爲促進健康的循環，努力爲自己打造這樣的平衡吧！

可以透過身體看出身心密不可分的實例。當神經系統放鬆時，你的心智會更加清晰，更能進行複雜的思考，並提高解決問題的能力。這都是因爲你的身體並不處於生存模式，因此，負責高層次思考的大腦皮層便能發揮最佳功能。另一個例子則是腸道微生物群。你的許多神經遞質都存在於腸道微生物群中，可以幫助情緒平衡。當你吃進的食物能滋養腸道微生物群，腸道中的神經化學物質，如血清素、γ—氨基丁酸、多巴胺、乙醯膽鹼、去甲腎上腺素和褪黑激素等也會受到影響。調節良好的情緒，反過來又能幫助改善消化、提供能量與提高睡眠品質，維持身體的整體平衡。心靈和身體是共存的合作關係，本應彼此合作，維持你的健康。

然而，創傷會破壞這種平衡系統，並使身心循環朝向相反的方向發展。情緒上的痛苦會對身體產生負面影響，進而影響心理健康。是什麼讓幾代人的家庭陷入這種身心的惡性循環中？部分原因是在社會中，許多醫療體系未能將心理和身體結合起來治療。

西方醫學將心靈和身體視爲兩個彼此分離的系統。我們沒有把幫助人們緩解壓力做爲改善身體健康的方法，但事實是，我們應該這樣做。在當前的醫療模式下，每個器官都是獨立治療，而不是將其視爲一個整體互動的系統。心臟科醫師治療你的心臟；腸胃科醫師治療你的消化道；肺病學家專注於你的肺部；神經科醫師主要治療大腦等，然而，卻沒有專門科別專注於找出壓力因素是如何導致心臟出現結構性併發症；或是一段不健康的關係是如何讓你的胃長期不適，導致腸躁症等症狀出現；或者悲傷如何直接引發肺部疾病，長期呼吸短促可能是複雜的悲傷情緒所產生的創傷反應；或者你的大腦神經元如何在長期壓力下進行剪枝和減少，使你易罹患神經退化性疾病。你的身心是一個系統，而不是兩套獨立系統。因此，就像你在這本書看到的一樣，全人醫療具整合性，並以身心做爲一個整體運作的方式，這對於可持續性的痊癒很重要。

你越能看出精神生活如何以身體做爲中心，就越能看到將身體融入世代相傳的創傷治療是多麼重要。如果你覺得很難理解，我也可以體會，畢竟我也花了一段時間才明白。

在接受博士培訓期間，我獲得心理整合健康臨床研究員獎學金，由美國衛生及公共服務部撥款，並與哥倫比亞大學歐文醫學中心合作。在為期三年的研究期間，我身兼數職。第一年，我的研究指導者伊莉莎白．弗拉加博士指派我擔任專案協調員，在那裡，我參與了一項試點計畫的開發工作，在哥倫比亞醫院體系的不同科別裡工作，目標是了解那些患有合併症的病人，會同時面對哪些精神和身體的併發症。我們以曼哈頓上城華盛頓高地拉丁裔為主的社區設計了該計畫。哥倫比亞醫療中心的校園就位於該社區。我的職責是用西班牙語為社區中的拉丁裔居民提供全面的心理服務。接受治療的心理症狀包括憂鬱症、焦慮症、恐慌症、躁鬱症、創傷後壓力症候群、注意力缺失過動症和精神疾病。我們處理的身體症狀包括心臟問題、肺部疾病、自身免疫性疾病、胃病、神經系統疾病以及周產期和產後併發症。

第二年，我被安排在醫院的幾個專科門診（如心臟科、神經科、婦科和家醫科）擔任心理健康臨床醫師。我的臨床任務是為因身體不適前來就診的患者，或疑似身體和精神疾病合併的患者提供心理健康服務。此外，我還負責培訓醫院的其他臨床醫師（如醫師、護理師、社工和臨床助理），使他們了解潛在的心理狀況，通常隱藏在患者對身體症狀的主訴背後。做為一個以心靈和身體為中心的臨床醫師團隊，我們分享病人的症狀、想法與治療過程，並將古老的治療方法融入現代醫學體系。對許多病人來說，這確實是一種創新，也是一種驗證和治療。爲了緩解困擾我們社區成員的疾病，而不是讓他們永遠與疾病爲伍，我們選擇以社區爲中心、以人爲本的心理學治療模式。

某一次，我的一位臨床導師和當時的臨床指導者戴安娜．普納萊斯．莫雷洪博士，想讓講西班牙語的靈療者參加臨床團隊會議，就我們如何更有效地將古老療法和靈性結合起來，並對員工進行培訓。我們明白，社區開展的工作需要一個全面的身心靈視角，打造一種與種族文化相關的治療方式。

我們努力爲未來打造出一種整合的醫療模式。我還記得當時覺得自己身負重任，畢竟，這是我的社區。我的家人就住在校園附近，一次，當我在婦科門診大廳尋找病人時，我聽到我那懷孕的表妹在大廳尖叫：「瑪麗，嘿！」我愣了一下，因爲在傳統心理學上，我們的立場應該保持中立，與病人保持醫病關係，而不牽扯個人情感。所以第二天我在指導教授的課程上，緊張地詢問莫雷洪博士和桑托斯．瓦萊斯博士（我的另一位指導教授），我是否不該在治療室外，與剛好在大廳碰面的表妹話家常。他們聽完我的描述，還爲此開懷大笑。他們知道我已經展開社區治療工作，莫雷洪博士半開玩笑地說：「歡迎加入社區心理治療！」瓦萊斯博士也贊同地說：「這些都是我們需要幫助的人。」那一刻，我的內心突然有了重大的體悟：我們在一個屬於自己的社區裡，從事社區整合治療工作，而這些工作根植於我們的社區已存在了幾個世紀。這項工作既個人，也很專業。我們全心全意地爲深愛的人們提供最好的醫療服務。我們明白，需要超越傳統的心理治療模式，才能邁向長期眞正有效的治療。當我們看到醫院裡有多少人帶著世代相傳的痛苦、合併症和壓力導致的身體症狀時，我們清楚知道，最合理也最合乎道德的照護模式是一種整合治療，它尊重我們所服務的人們的身心靈。從那時起，我們才眞正了解這是一種全球性的變化，也是我在本書要教給你們的治療模式。

此時，你可能在想：以這種更加全球化的方式進行的治療會是什麼模樣？我的答案是，你已經透過本書學到了。破除循環的每項練習至少會針對心理或身體的其中一個面向進行整合治療，而幾乎所有練習都帶有靈性的影子，因爲在每項練習裡，我都會考慮到整體心靈。所以，如果壓力積壓在身體裡的想法聽起來令人絕望，那麼首先要明白，你已有可以利用的工具，只要翻開本書的練習，就可以反覆進行，直到你開始看到實在的效果。我就是這樣指導我的病患，不斷重複這些練習，直到看到進步。讓我們來聽聽諾拉的故事，她的痛苦深植於身體，以及我的姊姊蕾蒂身心飽受痛苦的故事，進而說明這種整合治療。

悲從肺來

諾拉患有慢性肺病。她不吸菸、沒在危險環境中工作，也沒做過其他可能導致罹患肺病的事情。某一天，她開始覺得呼吸困難。這種情況發生了很多次，最後醫師診斷她罹患了原發性慢性肺病。原發性的意思是指自身萌發的疾病，病因不明。多年來，她接受多次醫療干預檢查，包括外科活體切片檢查：醫師切除她的部分肺組織，以尋找這種神祕炎症的發生原因。醫師一直治療她身體上的肺病，卻忽視了她在心理和精神層面的煩惱。

治療者並沒有考慮到這位女士所承受的層層壓力或世代壓力所造成的炎症，導致她的器官功能減退。

一開始為諾拉治療時，我請來了診所的營養師、社工和醫師一起制定了一套整合計畫，幫助她釋放生活中的一些壓力因素。如果我們不能完全消除她的肺部炎症，至少可以限制它的發展。她前來和我會談時，我們研究了整合心理健康療法（即你透過這本書已掌握的所有練習方法，如深呼吸和視覺想像、腹側迷走神經刺激練習、靜心，以及其他感官練習）。當然，還討論了她的代際創傷。我參加她與營養師和醫師的會談，以提供我的意見，並了解他們在促進健康和平衡情緒方面的飲食建議。社工為她連繫到了一項臨床檢測，在那裡，她可以接受最先進的肺功能監測。最重要的是，諾拉的醫師和各科專家都在爲她的荷爾蒙水準、生活方式改變、疾病分析和治療進展齊心努力，將她的健康狀況提升到了最佳狀態。這確實有幫助。隨著時間過去，她的呼吸更順暢、更有精神，在我們的照護下，她的情緒也變得輕鬆不少。

但對我來說，諾拉的病例不僅涉及專業醫療層面，它還包括個人因素在內。

在治療諾拉的同時，我也在照顧我的姊姊蕾蒂。幾年前，她也罹患了肺病。不過，她的肺病是類風濕性關節炎引起的，肺部成爲她關節炎的主要發炎源。做爲家中長女，姊姊一直承受很大的壓力。在拉丁裔家庭中，總把過多的責任分配給長女，尤其是第一代移民的女兒。這種在孩子年幼時，便賦予他們過大責任的文化習俗，可能會爲孩子們帶來毀滅性的後果。她一直是位值得依靠的人，一生都在照顧所有人，不僅是我，很多時候我們的父母也是如此。除了這種長期的家庭責任感，她還經歷過其他創傷，包括貧窮和父親的缺席。在等待美國綠卡核發期間，父親與我們分開長達十年。她一生都背負著所有人的情感重擔，而現在表現在她的身體上，使之出現狀況，幾乎要她的命。

我想，姊姊和諾拉都承受著巨大的傷痛，尤其是失去童年的悲傷。爲了實現我家的「美國夢」、爲了照顧我和父母，她犧牲了童年。現在，我和姊姊回首往事，談論她如何兼代「父母職」。在我們童年的大部分時間裡，姊姊負責照顧我，而媽媽則身兼兩職。姊姊生病後，角色一下子顛倒過來，由我來照顧她。白天我是一名博士生，晚上則是姊姊的看護。有時，我在醫院睡在她的床邊，醒來後，我跳上火車，從布朗克斯區到曼哈頓上城去見我的個案，再到市中心去見我的整合心理治療導師崔西．史坦，接受她的指導，下午再回到上城區上課、在晨邊高地的哥倫比亞大學主校區教授自己的課程。接著，返回華盛頓高地，在哥倫比亞醫學中心的遺傳諮詢部授課。最後回到布朗克斯區的醫院。呼！

我幾乎沒有時間回想這一路的經歷。我有責任幫助姊姊活下去，我擁有無比的動力完成這項學位，幫助更多人痊癒。我想，是世代祖先的韌性幫助我度過了那段時光。我能夠因此在整合醫療方面取得好成績，並盡我所能。因爲不僅我的患者依賴我，現在我的家人也依賴我。

我把在那段時間所學到的知識應用在生活的各方面。當我在研究室了解炎症對身體的影響時，我會與同事和姊姊分享這些資訊；當我了解整合靜心練習的好處時，我把它帶回給我的患者和家人。我也開始練習太極拳和瑜伽。猜猜誰加入了我的行列？沒錯：我的患者和姊姊也開始練習太極拳和瑜伽。在課堂上，我了解到腸道微生物群對情緒和健康的影響，我同樣也把這些資訊帶給我的患者和姊姊。

一旦獲得任何有關整合照護的知識，我都會將它們帶回社區或和家人分享。姊姊的肺功能開始有了積極的改善。實際上是在短時間內有所改善。不幸的是，當我們開始整合這些以身體爲中心的治療時，姊姊的肺部功能幾乎完全喪失，而這一輕微改善遠遠不夠維持她的生命。她已經需要全天候吸氧，並需要盡快進行移植手術。我們很幸運，因爲器官捐贈者的無私行爲，姊姊有了移植手術的機會，使她重獲第二次生命。但我們從未放棄所學到與身心有關的教訓。直到今天，我們仍持續進行整合治療。

我眞希望自己能更早了解整合療法對創傷的治療。

幾世紀以來，在東方文化中，人們一直認爲，悲傷會聚集在肺部和心輪之中。希望我能及早知道，當身體因壓力過大而發炎時，身體會如何自我攻擊，以及抵抗發炎的身心練習對治療有多重要。我多希望自己能意識到古老的療癒法，在身體自我放棄之前，如何爲身體帶來平衡的智慧；我希望我們身處的現代社會沒有與祖先的治療方法嚴重脫節。當背負的痛苦威脅到生命時，得非常努力地重新獲得這種智慧。最重要的是，我希望我的患者和姊姊都能有一些預防性的方法，可以讓他們免受到一連串不當醫療的影響。眞心希望我能拯救所有人，讓每個人從悲傷中獲得解脫，也希望將自己從痛苦中解救出來。

但我做不到。我必須接受自己做不到的事實。我能做的只有教育自己、患者、家人、社區，以及現在在閱讀本書的你們。我無法挽回過去，但可以幫助你們掌握知識，並幫助你們建立起一個更加平衡的生活，無論是現在還是將來。對姊姊來說，打破這種循環意味著重新且全面地與自己的身體建立連繫，這也意味著，做爲移民家庭的長女，她必須放棄拯救所有人的重擔，因爲現在自己才是需要被拯救的人；她必須重新學習自己的創傷反應，那是爲了取悅他人而帶著濃厚的罪惡感，這意味著她需要爲自己從未被允許擁有的童年感到悲傷；爲了活得更充實，她必須放下那些讓肺部不堪重負的情感包袱。同理，你也必須放棄在你身上埋下的壓力。讓我們深入了解更多關於壓力的知識，這將對你的人生旅途有所幫助。記住深呼吸，並在繼續閱讀時稍作停頓。

壓力的代際影響

飽受壓力影響的慢性疾病往往會在家族裡世代相傳。尤其是炎症疾病（如自身免疫性疾病、心臟病和胃腸道疾病）。童年逆境經驗與慢性炎症、體內炎症反應的風險升高有關。擁有不良經歷的兒童往往對反覆感染更無抵抗力，對炎症反應的風險也更高，更容易受到慢性炎症的影響，如心臟病、關節炎、糖尿病、憂鬱症、胃腸道疾病、各種癌症、自體免疫性疾病、失智症，和其他影響他們一生的疾病。心臟病和其他慢性疾病會一直持續到成年期，這與早年可能遭受的心理虐待有關。一項研究發現，系統性紅斑狼瘡患者在童年時期普遍遭受情感匱乏，顯示出疾病的存在與照顧者之間有密切的關連。

亦有一項長期研究指出，兒童如何看待自己的父母（如積極而溫暖，或消極而冷漠）與身體的疾患之間有著一定的關連，通常感受不到父母或照顧者溫暖的兒童，罹患心臟病和高血壓的風險會升高。哈佛大學和約翰霍普金斯大學的一項研究甚至發現，那些在成長過程中與父母或照顧者建立較少溫暖和關愛關係的人，中年時更容易罹患癌症。由此可知，壓力與疾病之間的關連確實存在，它會破壞人體的平衡。

如果不解決代際壓力問題，身體幾乎難以實現平衡（恆定狀態）。嚴重情況下，創傷還可能會摧毀人體維持生命的能力，因爲它可能會加劇現有的健康問題，或者在體內產生新的疾病。以受身體因緊張而會產生強烈影響的一個肌肉群爲例：心臟。腎上腺素、正腎上腺素和皮質醇等壓力荷爾蒙是循環系統發炎的主要原因，尤其是冠狀動脈，這是壓力誘發心臟病發作的途徑。如果器官長期受炎症影響，免疫系統的功能通常會受到抑制，從而增加感染和其他疾病的風險。下面我將舉例說明常見的壓力與疾病之間的關連。但在此之前，讓我們先暫停一下，因爲你們正接受大量且沉重的資訊。

快速掃視身體，留意身體如何對你發出警訊。你的肌肉感到更繃緊，還是更放鬆？是否有一些你之前沒注意到的感覺？如果有，請將注意力轉移到出現這些感覺的地方。如果你的手可以觸及那個部位，替自己做點輕柔的按摩，或者輕拍該部位。多花幾秒鐘做深呼吸與吐氣。當你準備好了，我們再來看幾個例子。

關於身心密不可分的另一個例子是影響整個家庭的憂鬱症，它是導致全球身心疾病的主要原因。憂鬱症病例已超過癌症、愛滋病、心血管疾病和呼吸系統疾病的總和。它不僅是一種精神疾病，也是一種身體疾病。人在憂鬱時很難讓自己的身體動起來，這就是爲什麼你經常聽到憂鬱症患者喪失精力，只能整天躺在床上或沙發上。部分原因是憂鬱症本身具有引起發炎的能力，這意味著憂鬱的人，其大腦和身體都會發炎。這也許可以解釋爲什麼有些抗憂鬱藥對某些人無法起太大作用的原因，因爲這些藥物是觸發或抑制某些負責掌管情緒的神經遞質，然而，這種治療方法並不能解決憂鬱症的炎症過程，這一點相當重要。

此外，壓力也會對性器官和生殖產生直接影響，過量的皮質醇會影響性器官的生物化學功能，導致荷爾蒙失衡、干擾精子的產生，導致陽痿、月經異常、疼痛和生殖器官併發症。

重點在於扭轉壓力或更妥善管理壓力，將有助於改善身體在這些方面的功能。正如之前所提到的，身體與心理兩者密不可分。因此，它們會在兩個方向（積極和消極）上相互影響。

了解這些後，讓我們來看一些常見的慢性炎症及其與心理健康症狀之間的關連。紅斑狼瘡患者經常出現精神定向認知障礙和記憶力減退；腸躁症患者常有焦慮症狀；纖維肌痛症的主要症狀之一是憂鬱。慢性炎症會加重負面情緒，而這些情緒狀態會對身體狀況產生負面影響。這些相互關連的狀況在身心之間往復發生。這就是爲什麼當改善炎症或情緒，就會相對在心理或身體情況產生積極影響，像是一些用於治療炎症的藥物有助於緩解情緒，例如，治療類風濕性關節炎、牛皮癬和哮喘的藥物在治療憂鬱症方面，比某些抗憂鬱藥更有效（視治療對象而定）。因此，**抵禦壓力的第一道防線應側重於減少體內炎症**，這也是我在這裡如此強調的原因，因爲我不想讓你們只在傷口上貼ＯＫ繃，並希望你們能充分了解情況，全面治癒你的世代壓力和緊張。

整合治療

全面創傷治療方案將教你如何幫助身體化解壓力。爲了治療整個人，而不是只治療一種特定的健康狀況，必須將健康整合實踐融入你的日常生活。每當你用心進行治療時，你的代際創傷就會離開身體，留出空間讓你吸收代際對你的健康產生的正面影響。如果你選擇了整合治療，它將成為一種新的生活方式。

世代的古老文化不斷嘗試校正失衡的身心靈。六萬多年來，人類一直在利用地球上的自然資源和能量來緩解和治療疾病。這些古老的治療方法能流傳數千年是有原因的：因為它們確實有效。

整合療法能激發癒合反應，為身體帶來寧靜。它們包括任何屬於替代醫學、順勢療法或是自然療法，以及從阿育吠陀、中醫、非洲療法、原住民智慧、靈性療法等其他眾多療法流派的智慧。幾個世紀以來，這些療法幫助人類延續了生命。整合療法從業者根據自己的培訓和服務對象的需求，在治療中融入多種實踐方法，包括靜心、草藥、瑜伽、非洲舞蹈療法、茶療和能量療法，將人類在世界各地所傳承的智慧發揚光大。

我選擇融入自己生活和個案工作的方法之一，是用草藥泡茶的植物療法。植物療法是我以整合治療為核心概念的一種方式。許多透過社群媒體熟悉我工作的人都知道，我開設過所謂的「茶歇」。在新冠肺炎大流行封城期間，我開始拍攝治療課程影片，一邊泡最喜歡的茶，一邊提供療癒的智慧。我的口號是：**「趁熱喝！」**所要傳達的是關於創傷、人際關係和心理健康的資訊。儘管艱難，卻是不得不了解的觀點。人們對此表示讚賞。然而，多數人不知道的是，我的茶療法源於幾代人對茶的熱愛，以及用茶做爲療癒方式的家族傳統。

外婆去世後，我開始展開自我療癒的工作：從祖先的歷史中挖掘，並集結姨媽、曾叔公，姊姊蕾蒂、表姊莉婕，以及父母所留下的智慧。這些研究讓我開始接觸藥草茶。母親每天晚上都會泡茶，某一天晚上，母親一邊泡茶，一邊向我解釋外婆在巴拉奧納時如何泡同樣的茶——當天她爲我泡的茶聞起來像是檸檬香茅的味道。她開始談論起祖先，以及家族如何世代依靠當地產的藥草茶做爲治療的良藥。我的外祖母住在巴拉奧納的一間小屋裡，多明尼加人世世代代都非常貧窮。她的房子是用脆弱的木板釘成，並用錫建造屋頂，沒有地板（地面是泥地），屋內也沒有接任何水管。她有一間臨時搭建的廚房，在那裡，她釀造古老的智慧，浸泡當地的草藥來幫助孩子們治病——包括我的母親在內，每當他們生病時就用此法。現在，我的母親透過外婆的藥方，將外婆的檸檬香茅茶這類代代相傳的智慧傳給了我。

小時候，我總是不相信母親說茶有恢復精力的作用。但是長大後，每當我聞到檸檬香茅的香味時，就會不自覺地感到安定。聽著母親訴說的故事，我終於明白箇中原因。這種香味是我的家族世代相傳的療癒之源，我們帶著許多世代的人對於香味的記憶，提醒自己擁有堅韌和療癒的力量，就像外婆的茶一樣。第一次了解這些藥草茶的功用之後，我繼續深入挖掘，發現這種特殊混合的茶具多種治療特性，甚至有抗發炎的好處，我簡直不敢相信自己所見！我相信外婆也會希望每個人都知道這種茶的益處，讓其他人也能感受到它的療效。因此，我衷心想將由我家人代代相傳的禮物送給你們，並提供這份茶療配方——我稱之爲「圖娜阿嬤的檸檬香茅療癒茶」。倘若你有需要，可以在附錄A取得配方與相關資訊。

打破循環：刺激代際腹側迷走神經練習

由於身體有很多層次，而且世代相傳，所以調節身體的工作也有分層次。調理迷走神經是一種有助於深入神經系統，刺激負責神經系統休息和減壓的腹側迷走神經。這是一種能讓你進入平靜狀態的練習。刺激腹側迷走神經能對你的神經系統產生立竿見影的效果，並能對你的整體情緒功能產生持久的影響。但要怎麼做呢？

刺激迷走神經會讓神經元釋放神經調節物質的化學信號，增加「快樂化學物質」（如多巴胺、血清素、腦內啡和催產素）的分泌。過程中，會傳達出「你是安全的」訊息，因此，這些神經調節物質會開始在腦中產生特殊的持久變化。當大腦某些區域產生結構性的化學變化時，我們稱之為「神經可塑性」。刺激迷走神經已能成功有效地幫助某些輕微腦損傷和創傷後壓力症候群患者。簡言之，它能幫助你感覺更放鬆，並減輕創傷對大腦和神經系統的影響，讓你有更多時刻能感到安全，擴大你的代際容忍度（在第六章中，我們將詳細介紹你的代際神經系統），並排出存在於你體內的代間壓力。在此我們要利用刺激迷走神經來為你提供釋放壓力的工具，請回想一首能讓你進入充滿愛、平靜和輕鬆狀態的歌曲。如果這是一首老歌，比如一位愛你的家人或長輩曾唱給你聽的歌，將是更好的選擇。

❖ 如果可以的話，找一處舒適的地方坐下，將視線放低到感覺安全的地方，或者完全閉上眼睛。

❖ 如果可以，將右手放在胸口上心臟的位置，左手放在腹部。

❖ 輕輕吸一口氣，開始哼唱歌曲。

❖ 一定要監測自己的呼吸，慢慢哼唱曲調，並密切關注你的身體是如何吸收這些聲音的振動。

❖ 想像你的哼唱深深地滲透進你的神經系統，並為你提供治療，透過每一個神經元，建立起全新、以治療為核心概念的神經連接和細胞記憶。

❖ 唱到一半時，想想你的家族，以及你希望看到他們從壓力中解放出來。

❖ 現在把你的哼唱聲再唱得更響亮一些，當你這麼做時，想像你的哼唱聲振動到你的腹側迷走神經。

❖ 當你把這首歌哼唱到最後時，請記住它們。

❖ 想像一下，受到調節後的情緒狀態令你感到更加平靜；想像你的家人和祖先也是如此；想像你們如何共同在這一刻得到治癒。

❖ 唱完這首歌後，再輕輕吸一口氣，完成練習。

❖ 向與你一起參加這次練習的祖先們說一聲「謝謝」，表達對祖先的感激之情。

❖ 輕輕地捏捏自己。

❖ 睜開眼睛，再坐三十秒鐘。

❖ 觀察你的感受。此刻你的心靈感覺如何？

❖ 如果有幫助的話，拿起你的日記本，花點時間把想法寫下來。我敢肯定一定有很多東西要寫。

目前所學到的知識

在本章探討了壓力如何在身心關連中得到詮釋，並了解壓力如何成為許多身體疾病的罪魁禍首，以及整合療法如何幫助身體感覺更加穩定。然後，你做了一項練習：調理腹側迷走神經。你學到了很多，也做了很多，祝賀自己通過了這一環節，做幾次深呼吸，繼續讓身體平靜下來。接著我們要討論代際創傷到底是什麼，以及它如何對你造成影響。

自我反思

1. 代際創傷如何對你的身體造成影響，你印象最深的是什麼？
2. 你對將整合療法做為一種生活方式或是例行常規有何看法？
3. 本章提供的腹腔迷走神經練習對你有什麼幫助？

Chapter

4 你與未治癒的創傷

在你承繼的脈絡中尋找自由。

——斯托羅族原住民作家李・麥瑞克爾（Lee Maracle）

現在，你已經很清楚自己爲什麼要讀這本書——因爲你是打破循環的人、因爲你擁有如此強大的療癒力、因爲你値得治癒自己。讓我們開始進一步了解更深層的代際創傷。當身體的創傷未被治癒時，它會繼續造成疼痛，並使你容易受感染，這種感染和疼痛會擴散到身體的其他部位。情緒也有類似的情況。負面情緒如果得不到治癒，將會造成傷害並影響生活，使我們陷入難以忍受的地步。但與身體上的創傷不同，情緒的創傷會超越受傷害者，並傷及其他人，比如家人、重要的人、朋友、同事和孩子。因此，未癒合的情感創傷甚至會對家庭和整個族群造成毀滅性的影響。

如何知道自己所經歷的是創傷反應？

生活在代際創傷中的人往往會出現慢性精神健康症狀。常見的症狀之一就是憂鬱症。諾拉就是這樣，她是我的個案，患有原發性肺病。一直在與我稱之爲「慢性空虛感」的症狀對抗。因爲長期憂鬱，讓她再怎麼努力，都無法在生活中找到快樂，甚至無法在她覺得最有成就感的兩個領域裡找到快樂：身爲母親和她的事業。沒有任何事能塡補那份空虛感，因爲憂鬱症就是這樣。它會製造深層的悲傷、空虛和孤獨。對於諾拉來說，她的憂鬱表現還包括易怒。她總是對周圍的人做出消極反應，並經常發怒。這是她的創傷反應，換句話說，這是她對於極端沮喪的情緒反應。

諾拉發現自己經常在生活中與人發生衝突，經常與周圍的人（丈夫、同事、好不容易交到的朋友，甚至是她處於青春期的女兒）發生爭執。她一直陷入無法逃避的痛苦，因爲在她的成長過程中，她看到的只有痛苦。她的母親也遭受著同樣的空虛感，外婆也是如此。她們全都陷入了痛苦的循環之中。

做爲她的醫師，看到諾拉如此頻繁地失控，尤其是在職場，令我感到不忍卒睹。她是一名社會工作者，但並沒有透過工作治癒他人，反而把痛苦帶給她本該幫助的人：她對他們頤指氣使，時常處於脾氣暴躁的狀態，不願意幫助他們脫離收容所。她會把自己的痛苦傳染給每一位與她接觸的人。

創傷反應有各種型態，其表現形式因人而異，千差萬別。當創傷反應是由痛苦所引起，當事人就會製造新的痛苦、帶給他人痛苦。諾拉的情況正是如此，例如爲自己帶來痛苦、自殘或酗酒。

如何知道自己所經歷的是創傷反應？首先，你的部分直覺會告訴自己，你的反應是來自難以承受的壓力。這種壓力可能是急性的（這意味著創傷經歷造成了突然、高度的情緒緊張，甚至可能威脅到你的生命，比如自然災害、遭持槍搶劫或嚴重事故），也可能是慢性的（意指壓力源持續了很長一段時間，如童年遭受虐待、壓迫或家庭互動不佳）。

但創傷反應並不是最初的創傷事件本身，而是你在面對此事的情感反應，以及大腦如何因應有害的環境，以確保你的生命安全。所以當你有創傷反應時，實際上你所經歷的是一種心理適應，旨在讓你保持理智，並使思想和心靈在不堪負重的事件中保持完整。然而，當你不再受到威脅，卻依然覺得自己需要保護時，問題就來了。

根據現今的臨床定義，創傷本身可以分爲多種類型，包括創傷後壓力症候群、童年創傷、成因複雜的創傷、種族創傷，以及本書討論的代際創傷。其中一些創傷表徵還沒有被納入全球臨床醫師使用的診斷手冊中。但是，你並不需要一本科學手冊告訴自己，你所經歷的是眞實的創傷，或者你的生活受到情感傷害的影響。你可以透過情緒和想法，感受到**心理**所受到的傷害；透過身體的感覺和觸發因素，感受到**身體**的傷害；透過破碎的人際關係、缺乏踏實感，以及總覺得自己隨時處於生存模式狀態，感覺**心靈**受到傷害。我知道這讓人難以接受，你可能在閱讀的過程中，覺得到這一切很沉重。別擔心，有我在你身邊，我們將學習很多可以幫助你的方法。

如何知道自己處理的是代際創傷？

該從何開始著手？你可能已經猜到了。首先，讓你翻開這本書的初衷是什麼？就我的經歷而言，當我認知自己無法輕易丟棄生活中的微小物品時，我知道這是一種創傷症狀，因而了解自己背負著代際創傷。對你來說，第一次意識到自己經歷了代際創傷，可能是在你不得不與家人保持一段安全的距離時；第一次注意到家人在你這一生中都在忽略你的情緒；當你意識到自己對壓力和情感傷害的反應與父母如出一轍……又或者是當你：

❖ 你去接受心理治療，意識到自己不健康的成年關係模式，反映出你的童年生活。

❖ 你意識到自己的痛苦情感有很大一部分來自於沒有從照顧者那裡得到足夠的愛，而他們也遭受同樣的命運。

❖ 你注意到自己正重複一段不健康的關係，而你看到父母也處在這樣的循環中。

❖ 你意識到家人保守著祕密，而這些祕密困擾著他們，使你的情緒因此受到影響。

❖ 你開始意識到家中的關係互動不良且互相傷害，並且未將它們視爲常態。

❖ 你意識到自己爲了被接受和被愛，一直有取悅他人的習慣，而這個慣性早在你出生之前，就在你的家庭中開始。

❖ 你注意到自己的人際關係中存在著相互依賴的模式，而你一直認爲這是正常的人際關係。

❖ 你意識到自己與家人之間相互施加壓力，而且還被視爲正常。

❖ 你察覺到儘管自己意識到了不健康的人際關係，你的行爲方式仍跟過去一樣對他人造成傷害，甚至對自己的孩子也是如此。

❖ 你納悶爲什麼受虐關係會如此熟悉，爲什麼家中其他成員也有同樣的感受。

❖ 你意識到，每當周圍的人帶來不安全感時，你會傾向逃避。

❖ 你想起前幾代人在面臨生活壓力過大時，一樣也會選擇逃避。

❖ 你意識到自己在潛意識裡會用麻痺自我的方式因應，你的家人也是如此。

❖ 對家人的喪慟喚起了埋葬在你心底的情感。

❖ 聽到祖先輩的故事，意識到他們的痛苦與自己的很相似。

❖ 你注意到信任自己和他人對你來說，是一件很困難的事。你的父母也是如此。

❖ 你意識到自己很難接受他人的愛，因爲沒有人向你表達過眞正的愛，因此在你成人之後，這種對愛的表達讓你感到不自在。

❖ 你意識到，自己很難向別人表達你的愛，因爲從來沒有人做過這樣的示範。

❖ 你有了自己的孩子，並開始擔心你可能會把從父母那遺傳來的情緒壓力遺傳給孩子。

❖ 你發現自己對孩子重複著同樣有害的語言和懲罰。

❖ 你意識到，早在你出生之前，被邊緣化的群體一直是你的家庭遭受痛苦的根源。

❖ 你意識到，你和你的家族世世代代都是制度的受害者。

❖ 你開始意識到，家庭中存在著未經診斷和治療的心理健康問題和創傷。
❖ 你無法為自己的症狀找到任何醫學解釋。
❖ 你意識到家人也在一個令他們受傷的地方生活著，儘管承認這一點很傷人，但你不得不接受這樣一個事實：這是他們所能做到最好的事情。
❖ 你意識到自己應該有一個更好的過去，並且渴望一個更好的未來。

這些項目的其中一個或多個或許使你意識到自己一直處在焦慮、憂鬱、悲傷、羞恥、孤獨，以及前人帶給你創傷之中，也或許你的故事可能不同於這些，還有很多原因不在這份清單裡，但你卻不得不忍受世代創傷帶給你的痛苦經歷。無論你的故事是什麼，請將它珍藏在心底。因為那是屬於你的故事，能對你產生一定的影響。不管是哪段經歷讓你意識到家庭生活中存在著層層創傷，你都會在這裡帶著一種更高的意識，了解世代相傳的創傷折磨著你的家庭，而且這些創傷也持續在你身上隱隱作痛。接下來，我們將透過代際創傷癒合評估，以及描繪自己的代際創傷樹來釐清你的代際故事。我們還將討論當你開始挖掘層層過往時，如何管理在此時出現的情緒，如此一來就能隨時做好準備。現在你要知道，此時此刻，你擁有打破痛苦循環的力量和機會。這項工作雖然很艱難，但你應該為自己能改變整個家族命運而感到自豪。這絕非易事，但你仍願意去做。

代際壓力：祖先的感受

你的一切生活經歷，從遠祖到仍在世的長輩，再到你，造就了層層的代際壓力。說是「壓力」，正因爲它確實如此。它讓你感到疲於應付；它是你背負的負擔，即使你光榮地背負著它，仍讓人備感吃力，讓生活變得更加艱難。代際壓力存在於內心，是一種心理、身體、精神以及文化上的創傷傳承。它是多世代人不斷累積的苦惱，根深柢固於靈魂之中，並決定了你在處理生活中的悲喜交加時的方式。

早在現代醫學各領域對於遺傳性創傷的概念形成之前，人類就已經從能量、靈性的角度來理解這種現象。在一些非洲原住民文化中，經歷心理危機的人被視爲與自己的精神世界相連結。他們被認爲攜帶著靈性的天賦，迷失在世代的某處，需要被族人找回。同樣地，在美洲原住民中，經歷壓力的人被認爲背負著多達七代人的悲傷。如果問題沒有在自己這一代獲得解決，這種壓力據說會影響到未來七代人。

倘若我們往回推七代以前的祖先，會發現曾祖父母五代人共有一百二十八人，他們生了六十四名孩子、三十二名孫子、十六名曾孫、八名曾曾孫子女，然後生下你的四位祖父母，生育了你的雙親，最後生下了你。加在一起，往回推算七代的歷史，你的直系親屬包括你至少有兩百五十五位。因此，喚醒潛在的靈魂創傷，是治癒創傷的重要一步。

我們準備更加深入挖掘你的族譜。當我們這樣做時，請採納以下建言：將挖掘家族系譜反思爲是一種資料蒐集。我們將對這些資料加以蒐集、進行分析，就像在研究室一樣，尋找答案、建立模式和解決方案。在某種程度上，這本書就像是在教導你收集資料、獲取知識和進行分析的旅程，你將不斷學習、反思，並找到最佳的解決方案，幫助你走出自己的路，將代代相傳的富足深植內心。在此，我們不妨來回顧一下：

❖ 代際壓力指的是心理、身體、精神和創傷的文化傳播。
❖ 是的，你的基因使其成爲獨特的創傷因子發揮作用。我們將在下一章詳細介紹這一概念，學習表觀遺傳學的知識。
❖ 是的，這在很大程度上與你的父母和祖先的經歷有關。
❖ 是的，你擁有豐富的歷史。
❖ 是的，你必須做一些繁重的工作才能感覺輕鬆一些。

❖ 是的，你需要審視層疊的創傷壓力。

❖ 不，創傷不會決定你的一生，但它會讓你的生活更加沉重。

❖ 是的，在接下來的篇幅中，你將繼續學習如何卸下重擔。

打破循環：代際創傷癒合評估

在確認自己遭受代際創傷後，打破這種惡性循環的下一步則是收集導致這種循環的原因。為此，我針對代際創傷的多個方面打造了一份評估表，稱之為**「代際創傷癒合評估」**。該評估為多層次創傷如何在生活中顯現出來提供了一個起點。它既可以做為一項治療工具，也可以做為治療師的評估資源。評估中的問題為你提供了一個對自己的代際創傷經歷進行反思的機會。只要你認為有必要，就可以根據每個問題進行深入探討。

需要注意的是，評估的訂定與評估本身同樣重要。找出最適合你的方式，但同時這裡也有一些想法供你參考：

❖ 尋找一個能夠讓你感到安心、寧靜和安全的療癒空間。可以在家裡，也可以在戶外。我在我家創造了幾處這樣的空間，有些在室內，一些在室外。你也可以隨意指定一些空間來做為你的療癒空間。關鍵是，當你把安心、寧靜和安全結合在一起時，將為你的深度治療提供一個健康的外在環境。在這個空間裡，擺放一件能幫助你感到安心的東西，比如一條舒適的毯子，或一件某人贈予的物品，讓你感到被欣賞和被看見，任何物品都可以，只要它有助於營造我們想要的安全和寧靜的氛圍。你還可以額外布置場景，利用蠟燭和溫和的芳香精油，在需要格外定心時，讓你可以嗅聞或塗抹在手上。安全的基本要素是具備隱私，所以要選擇能讓你有機會建立隱私的空間來進行這項深度工作。

❖ 在家中選一件具有故事或能量的物品，可以是在你生命中具有價值的物品或傳家寶，也可以是鼠尾草、祕魯聖木、北美聖草、水晶、聖水或其他產生能量的物品。讓這些物品進入這個空間，為你的評估提供更深層的能量。

❖ 一旦確定了想要待的地方，以及你希望周圍有哪些物品環繞，你必須找一個讓自己定心的片刻，並盡可能沉浸於當下的身心之中。在這個時刻，你可以好好善用聲浴靜心。如需了解更多訊息，請參閱附錄B的代際創傷癒合定心技巧。

❖ 最後，你需要的是勇氣。這是一項敏感的工作，需要你拿出勇氣。你或許會因此產生恐懼，但別擔心，只需要藉由世代相傳的內在核心復原力，便能夠獲得幫助。

掌握好節奏，這份評估是屬於你的，要按照自己的時間和節奏進行。不要覺得受到任何壓迫，而是要順其自然。回答下面列出的每個問題，展開代際創傷癒合評估。盡可能花時間好好回答問題；不要跳過任何問題，即使答案很簡短，尤其是當你的答案難以面對時。記住調整呼吸，你已經擁有世代祖先給自己繼續前進的力量。

代際創傷癒合評估確認

- 開始評估後，你感覺如何？
- 審視你的身體。查看自己的身體，留意任何感覺。你的身體回想起什麼？
- 寫下你對這次評估的感受以及身體的記憶或感覺。
- 記住，在評估過程中，可以利用定心技巧或聲浴靜心來安定自己，尤其是在開始之前。

描繪你的創傷起源

用幾句話回答下面的問題，描述這些經歷如何在你的家庭中顯現出來：

❖ 你的家人會用什麼方式以「創傷」這個詞來描述他們的經歷？其中也包括你在內。

❖ 哪些經歷與創傷有關？

❖ 你的家庭中是否曾發生過心理、身體或性虐待事件？如果有，是哪些？盡可能詳細描述，同時注意寫下這些內容時的感受。回想受虐過程可能會觸發你的情緒，留意自己如何消化這些情緒反應，並讓自己暫停，如有需要，可利用定心技巧重新調整自己。

❖ 是否經歷過長期的分離（如離婚、移民、失去家園等）？如果有，發生了什麼事？

❖ 家庭中是否有過成癮的經歷？如果有，請寫下與這些經歷相關的任何內容。

❖ 家族中是否有過不良的醫療經歷？如果有，是什麼？

❖ 家族中是否有人經歷過突然或意外死亡？如果有，發生了什麼事？他們如何面對這種失落？

❖ 家族中是否經歷過文化衝突（例如種族主義、貧困、宗教歧視、土地占用、占領、身分認同偏見、文化貶抑、戰爭和其他暴力）？如果有，這些經歷是什麼？請盡可能詳細補充背景資訊。

❖ 家人們會避談哪些話題？

❖ 在家庭中，創傷反應在哪些方面被視為正常？在你的社區中，它們會怎麼被視為正常？

❖ 哪些是你的原生家庭或社區所獨有、令人難以承受的經歷？根據需要詳述這些經歷，並寫進與每一代人有關的詳細訊息中。

你的內在認知

❖ 你從什麼時候開始意識到自己遺傳了代際創傷？

❖ 在意識到的那一刻發生了什麼事？

❖ 你身體的哪個部位感受到了代際創傷？

❖ 當你現在回想時，身體出現了哪些感覺？

❖ 當你想到世代相傳的創傷時，會產生哪些情緒？

❖ 當你意識到這一點時，與家人的關係如何？

❖ 當你發現自己正承受代際遺傳的創傷時，你如何看待自己？

你受到的影響

❖ 代際創傷如何導致你感覺與他人的連結或脫節？

❖ 它在哪些方面對你的家庭生活造成了影響或不安？

❖ 它在哪些方面對你的生活造成了影響（例如，人際關係、事業等）？

❖ 你在哪些方面繼承了代際的力量和韌性？

❖ 你從家庭和社區中的人那裡收集到了哪些代際智慧？

❖ 這些智慧在哪些方面幫助你度過了艱難時刻？

❖ 世代相傳的力量在哪些方面幫助你利用本書介紹的療癒方法度過難關？

你與治療

- 你有意識地堅持世代傳承的哪些方面？
- 你準備放棄哪些世代傳承的遺產？
- 當你想像一個接受療癒後的自己時，會想到什麼？
- 當你看到自己順利踏上這段旅程，什麼會讓你感到安心？
- 你願意在進行評估後的深度工作中，堅持每天進行的三種定心技巧是什麼（請參閱附錄B，了解可以嘗試的定心技巧列表）？

總結

- 透過這次評估後，你感覺如何？內在還存在哪些情緒（心理）？
- 透過審視身體，留意出現的任何感覺。你的身體在哪些地方產生記憶（身體）？
- 感覺對家族和你自己之間有什麼樣的連結或距離感（心靈）？

當你結束評估時，記得利用你所選的定心技巧或聲浴靜心讓自己穩定。你已經完成了一項重大而艱巨的任務。無論你需要多長時間讓一切沉澱下來，給自己一些平靜的時刻以幫助平復縈繞心頭的情緒。準備好後，讓我們做最後一輪深呼吸，為這項練習做個總結。深吸氣，然後完全吐氣，直到身體感覺安全和舒適。

目前所學到的知識

在本章中，你學會了如何找出代際創傷，以及如何在家族中發現代際創傷。本章最後透過代際創傷癒合評估，幫助你回溯自己的歷史，開始挖掘代際創傷和復原力在生活中的表現形式及其影響。你準備好繼續前進了嗎？我分外希望你能感到踏實、充滿勇氣。

自我反思

1. 當你知道自己有代際創傷史時，你的「頓悟」是什麼？
2. 在完成代際創傷癒合評估後，你有何感受？
3. 在完成評估後，你對自己與代際創傷的關係有了怎樣的認識？

Chapter

5 基因遺傳

龍生龍，鳳生鳳，老鼠的兒子會打洞。（Hijos de tigres nacen con rayas.）

——拉丁諺語，出自我的母親瑪格麗塔

代際創傷是一種從上一代流向下一代的力量。在一代人身上沒有得到解決或關注的情感將會一代又一代地傳遞下去。你的家族創傷既是一種生物遺傳，也是一種社會遺傳，最終傳給了你。這種遺傳之所以會延續下去是因爲大多數人不知道如何識別、承認它，也不知道該如何解決。擁有代際創傷史的人，父母的其中一人（或雙親）、祖父母、曾祖父母以及更遙遠的祖輩，都經歷過自己的創傷。那些活在未解決的代際創傷裡的人，往往不能全然意識到這種創傷症狀或危險，因此很少有機會，更沒有資源來解決這些問題。這是因爲他們不了解什麼是代際創傷，因爲代際創傷是心理健康研究的一個較新領域，但也因爲這些創傷在社區中已經全面「正常化」，以致於它們變得幾乎不爲人知，然而，看不見的東西總是很難解決——在某些情況下，很難察覺到它的存在。最常見的情況是，代際創傷在不知不覺中從一代人傳遞到下一代人。

創傷經歷可以區分爲不同的層面，我們稱之爲**大創傷**（在此指極端的、普遍的、威脅到人身安全的創傷）和**小創傷**，或稱微創傷（在此指日常生活中造成情感傷害的常見事件，但不會對你的安全構成威脅）。

祖先輩所經歷的大小創傷，與他們面對這些創傷時的反應將會傳遞給你。首先在基因層面上，打從我們在娘胎時，便會受到影響；隨後，在你體驗到這個世界後，透過持續不斷的壓力源，以及如何應對這些問題的模式，將對你造成影響。這並不是一份詳盡的創傷清單，但請看一看其中是否有你熟悉的創傷經歷。

大創傷可能包括：

❖ 被照顧者遺棄。
❖ 與不關心你的需求（身體、情感或精神需求）的父母生活在一起。

- 基本需求得不到滿足（如乾淨的衣服、適當的營養、衛生），即使不是有意為之，而是你的照顧者遭受不公平的經濟待遇的影響。
- 父母離異，特別是離婚帶來的嚴重情感混亂。
- 親人對藥物上癮或有其他癮癖。
- 身體受到侵犯，例如受到猥褻和性暴力。
- 經歷極端形式的懲罰。
- 父母被監禁。
- 經歷身分認同的不公平或迫害。
- 被迫融入一種新的文化或語言。
- 背井離鄉。
- 生活貧困。
- 生活在戰亂或領土遭到占領的社會。
- 經歷或目睹暴力或身體傷害。
- 遭受霸淩。
- 自身或身邊有人患有疾病。

- 醫療疏失。
- 遭遇嚴重事故。
- 遭遇自然災害或大流行病。
- 目睹死亡。
- 任何其他威脅到你的安全感、身分認同感或幸福感的事件。

小創傷可能包括：

- 不得不搬遷到新的城鎮或國家。
- 失去珍愛的寵物。
- 與某人持續發生衝突。
- 暴露脆弱的一面，並因而遭受歧視。
- 被當做代罪羔羊，即成爲他人宣洩沮喪和憤怒情緒的目標。
- 失去珍愛的物品。
- 與難相處的上司或同事共事。
- 經歷一次糟糕的失戀。

- 暫時遭遇財務緊急情況。
- 家庭突遭變故。
- 失去支持的力量。
- 遭遇不會危及生命的傷害。
- 找不到心儀的工作。
- 被朋友或戀人拒絕。
- 經歷法律訴訟。
- 不得不隱藏自己的身分。
- 處於一段不健康的關係中（但沒有威脅到你的安全感）。
- 無論程度如何，處在任一可能被視爲高度緊張但不是高度威脅安全的經歷中。

無論創傷程度或造成的影響如何，創傷的內化方式都可能是非常個人化，並因人而異，這意味著任何創傷都有可能產生不同的「創傷體驗」。不要低估這股力量。無論大小，所有創傷經歷都可能讓我們感到情感負擔過重。有了足夠的關照，大創傷也會消失；而如果沒有足夠的關照，情感上經歷的小創傷也會產生巨大的代際影響，也就是說，創傷經歷本身並不是唯一讓創傷持續下去的因素，社會環境如何處理這些大創傷和小創傷同樣起了相當重要的作用。

一切始於高強環境

社會環境帶來的種種壓力，如同認知行為治療師稱之的「高強環境」（strong environments），會在你的表觀基因組，即你的基因表達裡留下烙印，並對你和後代造成破壞性的後果。**高強環境是指壓力持續高漲的環境**，就像家裡有一對脾氣很壞的父母，或者處在你的安全經常受到威脅的社區，或在學校裡，因霸凌或暴力的發生而處在恐懼之中。當這種壓力持續數月甚至數年，這種因高強環境所造成的壓力就會記錄在你的細胞中。

我們對創傷遺傳的最初認識大多來自於對大屠殺倖存者後代的研究。在極端環境下，身處集中營中和種族滅絕的恐懼會持續存在，而集中營的特徵就是殘酷的暴力、無休止的死亡、對安全的踐踏和持續的恐懼，對倖存者留下了深刻的情感創傷。科學家們發現這種創傷在他們的後代身上同樣顯而易見。

因此，為了了解創傷對於倖存者的影響，這類研究並非聚焦於大屠殺事件的倖存者本人，而是倖存者的子女，以及透過世代傳遞所承繼的創傷反應。這些研究之所以引人注目，是因為它們表明，大屠殺倖存者的成年子女擁有的獨特遺傳標記：持續承受恐懼者的後代和並未帶著這項影響者的皮質醇水準明顯不同，他們的皮質醇水準低於非大屠殺倖存者的猶太人，這顯示了他們有創傷後壓力症候群。研究還表明，這些重大創傷對包括非洲移民社群在內的目標群體也產生不利影響，因為幾個世紀以來的種族恐懼、種姓制度和壓迫持續對多世代的非洲後裔造成傷害。類似的研究也聚焦於美國原住民罹患精神疾病的高度風險報告，美國原住民世代遭受歐洲殖民者帶來的種族滅絕、恐懼和流離失所的威脅。另外，還有其他研究也開始關注諸如亞裔社區、南亞社區、中東社區以及其他種族的世代經歷。對他們來說，集體創傷已經傳承了幾個世紀。

創傷的形成

我們都有固定的神經系統，讓身體能自動做出反應，幫助你化解壓力，從壓力中走出來。當你遇到壓力時，會進入一種警戒狀態。當遭受壓力時，會釋放出壓力荷爾蒙，即皮質醇和腎上腺素，會使你的神經系統做出反應。在這個階段，你會出現瞳孔放大、心跳加快、呼吸短促、感官增強，甚至開始顫抖等身體準備抵禦威脅的生理反應。在一般情況下，當壓力源得到解決或消失，神經系統認爲你的安全不再受到威脅時，身體就會進入休息的狀態。壓力荷爾蒙開始從你的系統裡排出，這時你會冷靜下來，並達到情緒平衡。以下舉例說明面對壓力與解除壓力的狀態：你必須有轉診單才能去看醫師。但是，你無論如何都找不到。由於很可能因此遲到並錯過預約看診的時間，所以你的壓力荷爾蒙升高。但幸運的是，你及時找到轉診單且趕上約診。這時，你的神經系統不再感到恐慌，於是你自然而然地放鬆下來。失約的威脅消失了，你又恢復了平衡。這就是讓你的神經系統進入高度緊張狀態，以及當你不再需要保持警惕時，恢復平衡的例子。

如果壓力源沒有消失呢？如果壓力過於強大，而無法自行消除？又或者，如果你一次又一次地遇到同樣的壓力事件時，該怎麼辦？如果壓力持續時間較長，例如幾天或幾週，那麼你可能會開始出現情緒不穩定的跡象，最終可能會引發持續性的如悲傷、注意力不集中、易怒以及腸道問題、頭痛和失眠等身體併發症。倘若無法在合理的時間內解決這些症狀，你的身心將得不到休息，壓力將超出承受能力，身體資源將因此而耗盡。高漲的壓力經年累月地累積在體內就容易使人們罹患慢性病，甚至死亡。通常這種慢性壓力得不到解決時，就會變成一種情緒遺傳。

近幾十年來，我們對神經系統以及它與創傷反應之間的關連認知，有了長足的進步。創傷症狀已被確認爲是滯留在體內的未完成身體反應。身體會捕捉我們在每種情況下的相關能量。當危及生命或長期壓力事件發生時，我們體內這股能量會請求排出體外，如果在體內滯留時間過長，這種能量就會發展成創傷症狀，一旦形成症狀後就很難被排出。

身體會保留對壓力事件的記憶，這使得下次再遇到壓力源時，身體就會更難處理和釋放這種能量。身體能量被凍結，在體內滯留時間過長，累積的能量最終會轉化爲世代創傷的暗流，由於我們的神經系統是用來快速排出壓力，而不是把壓力積壓在體內。如果你不能釋放壓力所產生的能量，那麼它就會滯留在體內使人衰弱，久而久之，就會代代相傳。

試想，你正在乘坐電梯，突然聽到「砰」的一聲巨響。你試圖開門，卻發現電梯卡住了，呼救按鈕故障。一個小時、兩個小時過去，仍然沒有人聽到你的呼救聲。你的內心越來越緊張。每過一會兒，就會累積更多能量。你的心跳每分鐘跳動的速度增加，呼吸變得急促，身體開始顫抖、頭暈目眩。你告訴自己，你將永遠被留在電梯裡。覺得自己處於死亡邊緣。於是，整個身體的能量都在沸騰，試圖讓你活下去。

等到救援人員終於到來，你的身體仍對身處電梯裡所感受到的恐懼做出反應。壓力源可能消失了，但體內的壓力仍然存在。你並沒有立即進入休息狀態。當你透過深呼吸或其他放鬆練習，積極幫助神經系統放鬆時，才能釋放身體的能量反應。如果你從來沒有機會恢復平靜，很有可能無法恢復安全感。倘若不是以自然或有意的方式啓動身體恢復平靜的過程，你的身體就會沉浸在面對威脅時的生存模式中，這種滯留的能量就會成爲創傷症狀。幾個月後，伴隨著壓力的恐懼和身體反應將成爲慢性症狀。數年後，身體會將恐懼視爲常態，細胞會記錄身體長期處於創傷的狀態。

科學研究領域正努力幫助我們編織這張名爲「代際創傷」的巨網。爲了讓大家對代際創傷的重要性有廣泛的了解，我們可以從以下不同的研究領域，找到與代間傳遞有關的關鍵訊息：細胞結構和功能（細胞生物學）；心理相關內容（心理學）；情緒的生物過程（精神病學）；大腦結構（神經學）；神經系統和大腦影響心智的方式（神經心理學）；生殖細胞、胚胎和胎兒的產前發育（胚胎學）；心智、生理狀態和人際關係之間的交互作用（人際神經生物學）；免疫、內分泌系統和神經系統之間的關係（心理神經免疫學）；生命早期的逆境如何導致成年後的損傷（人類發展學）。值得注意的是，社會環境對基因表達方式的影響（表觀遺傳學）。

這些研究領域在揭示世代歷史與影響許多人心理、身體和精神所承受的創傷經歷發揮

間子宮內孕育的共同經歷。不管是何種思想和情感在驅動，你的奶奶和外婆的生活經歷透過荷爾蒙輸入進她們的血液，而荷爾蒙會再進入你雙親的血液中，進而傳給你。在這些時刻裡，奶奶（外婆）生活中發生的一切，經由荷爾蒙，在你日後發育成長的細胞裡發生內化。倘若她們曾遭遇強大的壓力，那麼壓力荷爾蒙就會提醒孕體中的所有細胞（包括你的在內！）意識到不安全的警訊。這些代際子宮中的生殖細胞很容易受到它們所感受到的壓力影響，最終它們發育成爲你的前體細胞，從你的奶奶和外婆的社交活動中獲得了情感輸入。如果她們感覺到體內長期存在著壓力，那麼你的基因很可能會進行表觀遺傳調控，在此調控中，細胞會記錄它們應該如何應對刺激或壓力源。隨著時間過去，任何過度或是長期壓力的刺激都可能對你的認知發展、情緒和神經系統產生影響，而你的父母在此階段甚至還沒有出生。

存在你的細胞裡

我們在受孕時，繼承的不僅是眼睛顏色、髮色或身高等特徵，還包括性格特徵，以及我們如何應對生活中的壓力。事實上，只有百分之二的遺傳標記會影響外在特徵，其他的都與我們看不見的特徵有關。一九八〇年代，我們了解到基因有能力根據它們從遺傳學中獲得的信號，開啓或關閉自身的能力。這些基因不僅控制著一個人的外貌，還控制著情緒和行爲。從對細胞行爲的理解出發，科學家和臨床醫師開啓了一扇知識之窗，幫助我們了解祖先的細胞記憶如何改變後代的基因表達。這一點在與我的長期合作的個案布魯克林身上可以看出。

布魯克林生來就是一個循環打破者。她對一切充滿好奇。因此，不難理解她會把這種好奇心運用在自己的家族史。布魯克林來自一個失序的家庭。她對我說：「每個人都有自己的問題。」暗指家人的心理健康問題。但她並不認爲這是自己應該接受的命運。她經常說：「我不會讓這個家族問題來定義我。」我相信她說的話。我看到她想要打破循環的意志，而我想幫助她。

當我開始爲布魯克林進行治療時，她正在一所位在紐約的大學就讀大三。她是土生土長的紐約人，一邊上學一邊兼差打工，並與家人同住。她帶有一種革命精神，我認爲這既是她的天賦，也是她的致命弱點。她對自己情感狀況的好奇心有時會讓她深陷其中，最終導致她陷進我們稱呼的「深度悲傷」，在這種深度悲傷中，布魯克林會害怕最壞的結果（心理上），經歷慢性頭痛（身體上），並覺得自己和周圍的人完全脫節（精神上）。換句話說，她從心靈深處感受到悲傷。由於家庭的混亂，布魯克林長期生活在壓力之中。她經常感到焦慮，擔心每件事和每個人。她的壓力源有很多個，當布魯克林注意到只要她覺得事情順利得超乎想像，比如她獲得了應得的優異成績，或與異性互有好感，她就會感到不安，然後鑽進兔子洞，越陷越深，直到她發現自己破壞了眼前的機會或某段關係，回到她的恐懼和黑暗之地。布魯克林和我都很好奇，那份深深的悲痛能否告訴我們關於她的家族過往，以及她為什麼待在那裡會感到如此熟悉和平靜，這令她百思不解。

我們了解到，比起被希望包圍的感受，她對悲傷的感覺更加自在。當周遭一切令她感覺十分美好時，布魯克林會下意識地排除這種感覺。她告訴我：「當我陷入深深的悲傷時，我身體裡的每一個細胞都覺得自己是對的。」聽到這段話時，我睜大雙眼。我們之間有了重大突破。

我走進自己的兔子洞，想要了解這種情緒在科學和心理層面的含義。我想知道她的身體如何受這種感受影響。事實證明，她所說的「每個細胞都能感受到她的痛苦」其來有自。當受到創傷時，某些細胞的確會出現反應，尤其是當它們已經在幾代人的經歷中，被設定為對這樣的壓力做出過度反應，我確信布魯克林全身上下都流淌著祖先留下的深層痛苦能量。我致力於幫助她了解自己。我將在接下來的章節中介紹布魯克林的心路歷程。但現在，讓我們更深入地了解身體細胞在面對創傷時所受到的影響。

情感經歷串聯

就生物學上來說，許多家庭壓力與我們息息相關，其中最強大的傳遞方式是透過神經元。神經元是神經系統的基本組成部分，負責接收來自外界的感官訊息，透過電訊號發送到我們的身體，再轉爲訊息傳輸到大腦。你的每一次感官體驗，每一個聲音、觸覺、嗅覺、味覺和視覺都是透過電荷，將取得的訊息從身體傳回大腦。

現在，如果神經元透過這些電訊號來反映你如何體驗這個世界，那麼鏡像神經元則是當你體驗到別人的經歷時，它所產生的電荷會使你有所反應。比方說，你在電視上看到有人進入黑暗的閣樓。如果你感到害怕，並不是因爲你有危險，而是因爲你認爲當電視裡的人進入這處黑暗的空間時，可能會有危險。這種恐懼是你的鏡像神經元起了作用。你感同身受地體驗著你認爲他人正在體驗的情緒。當科學家開始研究這種感覺時，他們發現大腦前額葉區域會激發特定的神經元，與你看到別人進入黑暗的閣樓時，產生反應的神經元相連。

一段時間後，在你反覆把別人的經歷當做自己的經歷之後，你的鏡像神經元就會因此過度活躍，開始形成對他人情緒的慣性反應。鏡像神經元過度活躍的現象在情感交流激烈、情緒反應強烈的家庭中尤爲普遍。鏡像神經元能幫助你產生同理心，但如果過度使用，可能會使你難以將自己的情緒反應與他人的情緒反應區隔開來。

在布魯克林的家中，每個人的情感經歷都被連接在一起，他們在無意識中相互映照著彼此的傷痛，以致於一名家庭成員的困境就能讓整個家庭的神經系統乘載量超過負荷。這就是我所說的**代際神經系統**（我將在下一章詳細解釋這一點）。但你只需知道，對於布魯克林和她的家人來說，這意味著當一個人感到悲傷時，另一個人也會對這種悲傷感同身受，進而影響其他家庭成員，直到家中每個人都感到悲傷，或深陷其中。而當一個人感到憤怒時，他們也都同樣會感到憤怒，以此類推。他們分享著共同觸發的單一情感體驗。這種情況在情緒混亂的家庭中十分常見。這樣的家庭會集體吸收一個人的情緒，因爲他們都在一個集體鏡像神經元的運作當中。

我還記得布魯克林首次和我討論這一現象時的情景。她看到自己多年來一直在預設程序的層層控制下受到影響，使她感到絕望。令她同樣感到沮喪的是，她終於理解家人爲什麼不得不承受那些不屬於他們的情感債務，這讓她同樣感到不安。

當我們緘默，讓她沉浸於悲傷時，她很清楚自己面對的是：她無法立即改變家人或自己這些根深柢固的創傷反應。首先，我們必須面對她對自己的痛苦，和世代家人遭受的痛苦所產生的層層挫折感；我們必須承認她曾以這種方式度過許多生命的關鍵時期，而我們無法讓時光倒流，也無法挽回這些世代相傳的力量，是如何塑造了她的神經系統。在那一刻，我們唯一能做的就是向前看。我們沒有能力改寫過去，但可以努力克服不適和痛苦，同時制定出幫助她重組神經系統的方法。我們的目標是幫助她找到解脫。

那天，布魯克林離開我的辦公室時並沒有被打敗，而是意識到家人是如何將壓力反應串聯在一起。最後，她覺得自己肩上的擔子終於卸下，因爲她終於知道自己和家人的壓力反應形成的原因。儘管這些訊息很難接受，也確實讓她感到悲傷，但她也感受到了解脫。布魯克林懷著敬畏的心情，看著自己的身體是如何與家人的身體相連。在這之後，她深深感受到自己的力量。對布魯克林來說，這是難能可貴的經驗。

你同樣也能察覺自己擁有這些具有洞察力和帶有力量的時刻。深入了解自己家庭的預設程序，儘管會伴隨著一些悲傷，但也會令你如釋重負，就像布魯克林一樣，最終這會是份相當值得的工作。

創傷反應

「創傷反應」這個詞最近似乎正風靡全球。說白了，**創傷反應就是對壓力源的一種慢性反應**。創傷反應是你學會自我保護的方式，它們可能對你有益（適應良好時），也可能對你有害（適應不良時）。有些創傷反應可以透過基因或行爲遺傳。在此舉一個例子來說明。假設你的爺爺奶奶在年輕時曾被爐火嚴重燒傷，他們終生將會害怕燒傷這件事。在你小時候，他們會在你每次靠近爐火時，大喊著「當心！」現在，儘管你已長大成人，祖父母對爐火的恐懼已經變成了你對靠近爐灶的恐懼。擔心自己會被燒傷的恐懼變得如此深重，以致於你從來沒有學過烹飪，以避免燒燙傷。這便是一種遺傳的創傷反應。這種反應是由祖先輩的創傷經歷產生的恐懼所驅動。這種恐懼屬於他人（祖父母輩），他們爲你塑造了一種恐懼模式並灌輸給你。現在你身上也帶著這樣的創傷反應。

世上有成千上萬種創傷反應。當你開始反思自己的哪些行爲可能是創傷反應時，請記住目的並不是要揭示這些反應，使你產生羞愧感，而是爲了讓你帶著好奇心，並有意識地開始關注這些行爲。我們期望的最好情況是，使你注意到自己處於生存模式下的行爲及其原因，反思你的哪些行爲可能是對創傷的反應，這是一項練習，旨在幫助你找出自己祖先的創傷模式，而且這些模式已不再對你有益或已成爲慣性模式。的確，這些創傷反應可能曾經幫助過你的家庭和社區在幾世代以來的適應和生存。你甚至會把它們視爲熟悉的夥伴，在潛意識裡不願放手，就像布魯克林的「深沉悲傷」。然而，認識到這些行爲是第一步，它能幫助你產生動力，用更好的行爲取代它們。當你用我建議的做法建立起自己代際創傷工具時，就會有更多方法來解決這些問題。這將使你的生活更加充實，並重新定義你的代際傳承。

在完成建立起你的傳承這一目標之前，我們必須揭示這些創傷反應，這樣才能開始用更健康的行爲來取而代之。讓我們從這裡開始：在你的日記中，列出你或家人的創傷反應。把它們記在心裡，屆時我們將開始爲這一練習添加其他層次。爲了幫助你開始練習，以下是幾個常見的創傷反應樣貌：

- 不惜一切代價以避免衝突。
- 一有壓力就躁進。
- 稍有壓力就緘默不語。
- 不談論或表達眞實的情感。

❖ 在人際關係中無法展現脆弱。
❖ 以自我毀滅的方式使自己的生命受到威脅。
❖ 保持沉默，永遠不採取行動。
❖ 長期感到空虛。
❖ 長期悲觀厭世，人生觀消極。
❖ 經歷長時間的悲傷。
❖ 不斷在恐懼中掙扎。
❖ 感到緊張，容易被突如其來的聲音驚嚇。
❖ 無法集中注意力。
❖ 出現令人不安的夢境。
❖ 避免社交。
❖ 迴避某些特定環境。
❖ 不斷自責。
❖ 無法進行親密的情感交流。

你是否能想到一些對你和家人來說較爲獨特的創傷反應嗎？可以從反思自己經歷過的任何壓力情況開始。你是如何應對這個壓力？你的親屬如何處理類似情況？你們在這些時刻的感受？如何面對？

情感守護者

我來講述一則關於我的家庭經歷故事，來說明創傷反應如何代代相傳。就像我的外婆、母親和我一樣，我的父親拉米一直是位「守護者」的角色。但他不是物品的守護者，而是情感的守護者。他緊抓自己的情感不放，直到他那顆可憐的心臟幾乎難以承受。我父親有一顆柔軟的心，善良、溫柔、謙虛到了極點，而且是一個極富愛心的人。儘管在拉丁社區盛行大男人主義（西班牙語Machismo，意爲強壯的男子漢）。我的父親仍然保有他的溫柔善良心腸。

但是，當我父親感到不舒服或情緒不穩定時（例如害怕或擔心），他不會告訴任何人。他會一直憋著，直到問題過去。例如，每當某位家庭成員生病時，他就會開始擔心，而且是非常擔心，我們可以從他的眼神中看出來，但他從不提及。只有等到成員康復，一切恢復正常後，我們才終於看到父親深吸一口氣，甚至哭泣，釋放出他一直默默承受的恐懼。

當我問父親爲什麼從不討論令他感到困擾的事情或恐懼時，他告訴我：「我不想爲家人帶來負擔。」他不想讓其他人感到痛苦。所以他把情緒留給自己。

父親終其一生都是情感守護者。他的父母把他養育成一個友善、合群、善良的人。因爲他們的教誨，我在父親身上看到他所散發出來的光芒。但當我們如此重視和諧與平和時，卻幾乎沒有留出空間給其他較爲困難的情感表達。在父親的家族中，處理問題的常見方法是「不要把注意力放在壞處，一切都會好轉」。這聽起來正像是毒性正能量（toxic positivity）的概念：只表達正面情緒，卻不常表現或討論消極的負面情緒或情況。當我詢問父親對此的看法，他的回答更像是一種「樂觀現實主義者」。他說：「重點是堅信一切都會好轉，而不要去想可能會出什麼差錯。這是我們保護家人免受情緒負擔的方式。」我明白他的意思，特別是這句話背後的文化意涵。他的意思是他會爲家人承受負面情緒，因爲身爲父親，他認爲這是他的責任，這是一則社會脈絡下的訊息，而在拉丁文化中，父母，尤其是父親這樣的做法很常見：爲所愛的人擔負起負面情緒守護者的責任。但從心理學的角度來看，我很清楚一個人不能總是佯稱一切不會有事。

我明白，壓抑的情緒不會消失，它們只是找到其他表達的出口。多年來，我看到了這種樂觀現實主義，或者否認其他負面情緒的存在，成爲了父親成長過程中的一個決定性部分。只爲美好的事物留出空間，將會挑戰一個人適當表達全部情感的能力。在父親的生活中，沒有太多的空間讓他可以表達羞愧、恐懼、悲傷、擔憂或焦慮的情緒，這也是那個時代的規範。雖然他現在更善於表達和公開自己的感受（因爲他完成了一些打破循環的工作），但在他生命中的大部分時間裡，卻經常受困於這些情緒且無法釋放。

我父親本能地將沉重的情緒壓抑在心底，將其隱藏起來，以保護身邊的人不會感到「難過」。這是愛的表現，卻也是一種創傷反應，他在不知不覺中爲孩子們樹立了榜樣，使我總是傾向於麻痺負面情緒，直到壓力過去。透過我的工作，我了解到這是父親的一種創傷反應。我學會像父親一樣成爲一個情感守護者。這種遺傳特性需要長時間和經過大量練習才能釋放。我仍然非常關心他人，只是不以犧牲自己爲代價。我相信你也能培養出這種標準。雖然這種遺傳需要時間和練習來消除，但它是可以治癒的。這就是我希望你們即使像我和我父親一樣擁有長期的情感負擔，也有機會可以治癒。

打破循環：代際創傷樹

那麼，我們該從哪裡開始著手這項工作？正如我對個案說的「**不回顧過去，就無法展望未來。**」你也一樣。雖然不可能或甚至沒有必要回到起點，找到家族創傷的最初起源，但你身上的創傷很有可能已經跨越了好幾代。無論你知道哪些訊息，都能讓你繪製出地圖，幫助你回答療癒之旅中的一些關鍵問題。所以，讓我們花點時間，透過**代際創傷樹**來追溯你的痛苦起源。

我要請你們畫一棵樹，從樹根一直畫到樹頂。這棵樹將代表你的家人，甚至是家族中每個人代表的心理、生理、精神狀態和文化特徵。這棵樹將由四個同等重要的部分組成：**土壤**、**樹根**、**樹幹和樹葉**。每個組成部分都有助於讓你對自己和自身福祉有一個更全面的認識，將祖先輩經歷的創傷納入故事的一部分。我們將密切關注這棵樹的每個部分，其發展和相應的特徵。這樣，當我們將它放大時，就能清楚看見你的代際創傷故事發展。

樹狀圖被廣泛應用於以敘事為基礎的心理治療和其他類似療法。當我們繪製出一個人在身體、心理和精神狀態的經歷，以及內化的文化訊息時，就能更清楚地了解家庭裡存在的創傷。在此將借鑒這些治療方法，畫一棵向外延展，且符合家族故事的創傷樹，提供多代人的敘述，希望能更清楚了解整個家庭動態。這項練習需要慢慢來。這是一長串的家族歷史，需要花一些時間收集，不妨給自己多一點時間。

我們先從樹葉開始畫，每片樹葉代表每一個家庭成員；接著是樹幹，這裡反映的是他們對你的影響；然後向下移動到樹根，這裡代表任何已經內化的信念。最後進入土壤，這裡反映的是文化規範，這些文化規範讓創傷世代相傳。準備好了，我們就開始吧。

如果不知道怎麼畫，可以參考我提供在下面的例子，幫助你了解如何開始繪製這棵樹。盡可能花費所需的時間來繪製這棵樹，並在過程中調節呼吸和釋放緊張的情緒。

現在你的樹已經畫好了，讓我們開始在葉片中填上內容。每片樹葉表示你希望將其納入家族史的每位家庭成員。他們可能與你有直系血緣關係，如父母、祖父母、你的子女等。也可以是與你相差一、二等血緣關係的人，如兄弟姐妹、姨父母、叔伯與表親等。如果你的其他親人或領養的家人，與你的生活和血親有進一步連繫，也可以把他們添加進來。情緒壓力和復原力不僅來自血緣，也來自任何對你的生活經歷有影響的人。

這是你的家族樹，也是你的故事，所以讓這棵樹成為專屬於你的樹。納入的家庭成員越多越好，但不要覺得有壓力，認為一定要加入某些與你沒有密切往來關係的人。這份家族樹譜包含了一眼就能看出的訊息，因此請盡最大努力將與你有交集的人納入。

在每片葉子上寫下這個人的名字以及與你的關係。這個人生命中發生的任何創傷事件，不論他們的性格特徵為何，都會在其創傷反應中反映出來。這點可以從他們身體的反應方式（如果他們有任何身體健康問題，尤其是源於長期壓力的問題），或是精神上在面對這些問題的反應（透過與自我或他人的分離）看出。在此舉一些創傷事件的例子，希望能有所幫助：

- 財務困難。
- 重大事故。
- 創傷性死亡。
- 虐待（身體、情感、性、經濟等）。
- 身分認同偏見或暴力。

代際創傷樹

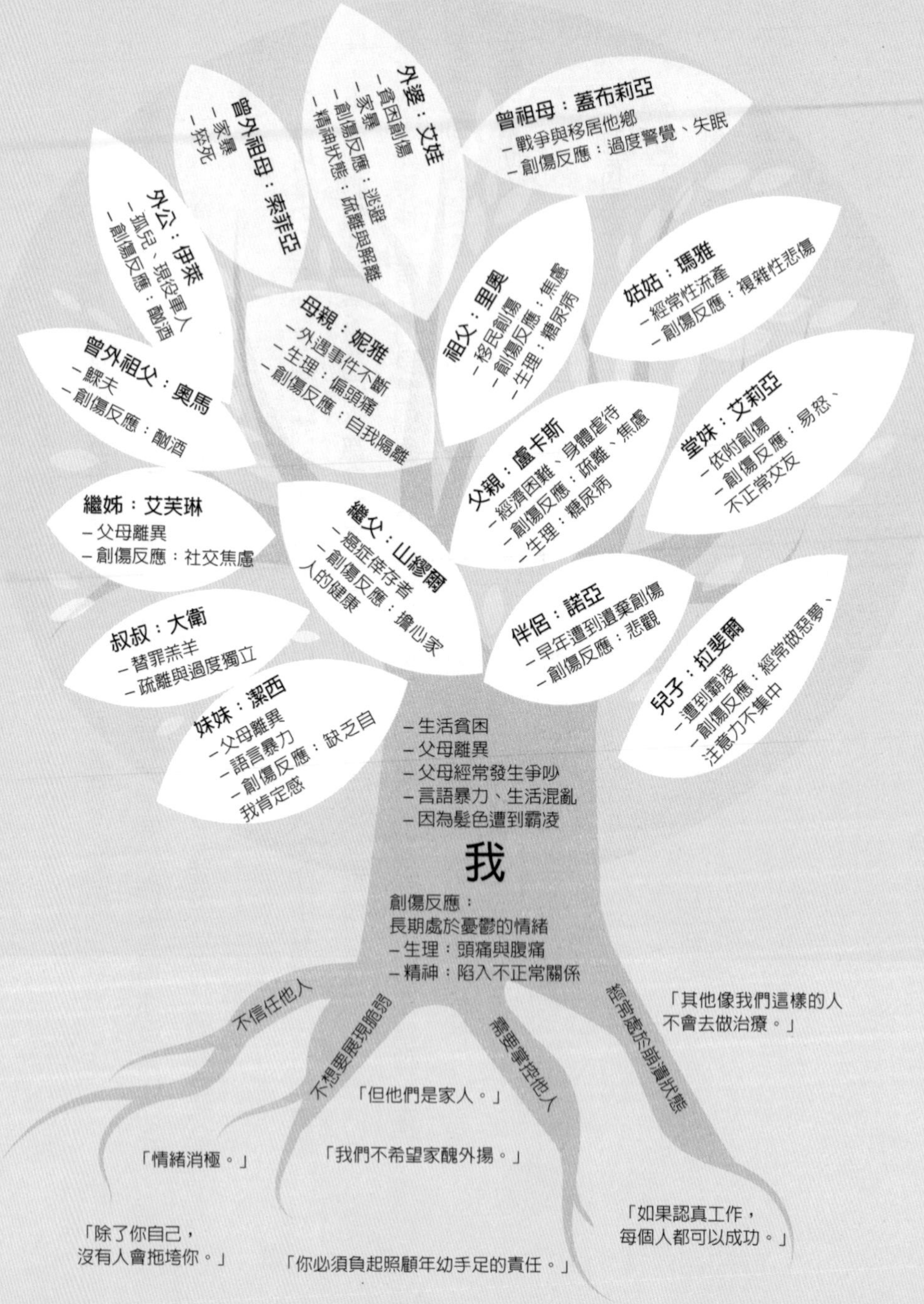
曾祖母：蓋布莉亞
－戰爭與移居他鄉
－創傷反應：過度警覺、失眠
外婆：艾娃
－貧困創傷
－家暴
－創傷反應：逃避
－精神狀態：疏離與解離
曾外祖母：索菲亞
－家暴
－猝死
外公：伊萊
－孤兒、現役軍人
－創傷反應：酗酒
姑姑：瑪雅
－經常性流產
－創傷反應：複雜性悲傷
祖父：里奧
－移民創傷
－創傷反應：焦慮
－生理：糖尿病
母親：妮雅
－外遇事件不斷
－生理：偏頭痛
－創傷反應：自我隔離
曾外祖父：奧馬
－鰥夫
－創傷反應：酗酒
堂妹：艾莉亞
－依附創傷
－創傷反應：易怒、不正常交友
父親：盧卡斯
－經濟困難、身體虐待
－創傷反應：疏離、焦慮
－生理：糖尿病
繼姊：艾芙琳
－父母離異
－創傷反應：社交焦慮
繼父：山繆爾
－癌症倖存者
－創傷反應：擔心家人的健康
伴侶：諾亞
－早年遭到遺棄創傷
－創傷反應：悲觀
叔叔：大衛
－替罪羔羊
－疏離與過度獨立
兒子：拉斐爾
－遭到霸凌
－創傷反應：經常做惡夢、注意力不集中
妹妹：潔西
－父母離異
－語言暴力
－創傷反應：缺乏自我肯定感
－生活貧困
－父母離異
－父母經常發生爭吵
－言語暴力、生活混亂
－因為髮色遭到霸凌
我
創傷反應：
長期處於憂鬱的情緒
－生理：頭痛與腹痛
－精神：陷入不正常關係
不信任他人
不想要展現脆弱
需要掌控他人
經常處於崩潰狀態
「其他像我們這樣的人不會去做治療。」
「但他們是家人。」
「情緒消極。」
「我們不希望家醜外揚。」
「如果認真工作，每個人都可以成功。」
「除了你自己，沒有人會拖垮你。」
「你必須負起照顧年幼手足的責任。」

創傷反應的例子包含你之前寫下的或是以下：

- 逃避引發恐懼的人、地點或事物。
- 難以設定適當的界線。
- 陷入高風險情況。
- 自我破壞。
- 取悅他人以獲得被接受或被愛的感覺。
- 透過無意識的活動使自己麻木。
- 過度分享或過度解釋，以取得他人的理解。
- 當他們感覺自己沒有受到傾聽時就會發洩出來。
- 否認自我現實（煤氣燈效應）。
- 難以接受愛，而將愛拒之門外。
- 過度解讀他人，以防他人可能對他們造成傷害。
- 避免衝突。
- 不為自己發聲。

與創傷有關的常見身體症狀包括：

❖ 代謝性疾病（如糖尿病、心臟病、高血壓等）。

❖ 自身免疫／炎症（如風濕病、纖維肌痛症、腸躁症等）。

❖ 其他炎症（如頭痛、慢性疲勞、肌肉疼痛等）。

常見的心理症狀可能為：

❖ 缺乏自愛。

❖ 自我肯定感或自我價值感低。

❖ 無法維持健康的人際關係。

❖ 疏離感。

❖ 感覺自己是代罪羔羊。

❖ 其他造成自我與他人疏離的因素。

與創傷反應相關的常見可診斷精神健康狀況如下：

❖ 憂鬱症（如重度憂鬱症、躁鬱症等）。

❖ 焦慮症（如強迫症、社交焦慮症、特定恐懼症等）。
❖ 創傷後壓力症候群。
❖ 注意力缺陷過動症。
❖ 精神疾病（如思覺失調症、妄想症等）。

（免責聲明：我相信，了解如何將症狀綜合在一起，有助於心理健康專家治療病症，這在臨床上是很有用的。另外，說出並指出家庭中存在的任何心理健康問題儘管有用，然而，重要的是要明白，有些標籤可能是有害的、會被誤解的，以及使我們難以察覺創傷經歷的複雜性，導致一個人將這些症狀內化。當你在代際敘述中加入這些內容時，請牢記這一點。）

填完每片樹葉的內容之後，我們將轉往樹幹。這個部分更加關注在你的自身。這裡將列出每片樹葉的代際關係對你的影響。這些影響可以很直接，也可以是間接的經驗。直接經歷的例子是有人明確告訴你不值得愛。間接經歷則是得知你的外婆對你的母親有虐待的行為，進而對你造成的影響。因此，你的母親變得非常孤僻。事實上，她變得如此孤僻，以致於無法以你需要的方式照顧你的情緒。因此，你的外婆對待你母親的侵略行為，間接地影響了你，或者換一種說法，它們影響了你的母親愛和關懷的能力，進而影響了她對你的關懷或錯過對你的關懷。

間接影響的其他例子如下：

❖ 某位曾祖父母陷入了取悅他人的模式中，並把這種模式傳給他們的孩子，他們的孩子又把這種模式傳給他們孩子的孩子，最後傳給你（所以，你的曾祖父母取悅他人的傾向成為了一種傳承，世代相傳，最後落到了你的身上）。

❖ 患有產後憂鬱症的奶奶在你父親還是嬰兒的時候，無法與他建立情感連繫，導致父親也很難在情感上與你產生連結（所以最初受到影響的是你的父親，但你卻承受著產後憂鬱症未得到解決的代際後果）。

❖ 年長手足會傷害年幼的手足（你），因為他們從你的父母那裡學到，當一個人生氣時，欺負弱小是恰當的行為（所以痛苦的最初來源是父母對待兄姊的方式，但代際的次要目標最終變成了年幼的手足，也就是你）。

❖ 因為種族背景而無法獲得貸款的父母肩上背負了無法還完的債務，進而使你在成長過程中，沒有獲得足夠的資源（因此，最初的影響是在父母身上，但你卻因此遭受貧困的創傷）。

如果你開始反思與每個人相處的具體經歷，進而思考他們對你的直接和間接影響，或許能對你有所幫助。首先，看看每一片樹葉，然後問自己：「他們的創傷在哪些方面導致了我的創傷經驗？」這就是你要開始問自己的一個常見問題。你也可以問自己：「我是怎麼走到這個地步？」「誰傷害了我？」「他們經歷了什麼？」「他們的無法打破循環，最終如何對我造成傷害？」

完成樹幹的部分之後，做幾個深呼吸，因為這可是項龐大工程。準備好後，讓我們來進行樹根的部分。

當遭受痛苦時，大腦會創造出新的現實、信念和準則來幫助我們因應。我們改變並發展出一種不同的存在方式。這棵樹來到樹根這一部分，將提供一個機會讓你反思自己因家庭的創傷經歷而使你出現什麼樣的改變。因此，樹幹所記下的創傷經歷，將讓你在每條樹根寫下，你對自己、他人和周遭世界採取何種限制的想法。這些內化的信念維持著你的創傷循環。意識到這些信念將如何幫助你在後期的療癒過程中，了解哪些信念需要摒棄。

舉例來說，這些信念可能是：

- 「沒有人可以信任。」
- 「只有當我對他們有用時，人們才會愛我。」
- 「無論我多麼努力，我都走不遠。」
- 「我是顆腐敗的水果。」
- 「我不能表現出任何軟弱的跡象。」
- 「如果我表現出任何弱點，我就會受到任何威脅。」
- 「我必須先照顧好其他人。」
- 「我需要控制別人，否則我就會失去對自己的控制。」
- 其他更貼近你生活經歷的感受。

花點時間反思一下你所堅持的信念，這些信念反映了你的創傷。一旦完成了樹根的部分，現在該挖掘泥土，進入土壤中。

沒有維持樹木生長的土壤，任何樹木系統都稱不上完整。你看，在社會中，我們會內化從社區以及與我們產生連結的機構，如學校、宗教中心以及文化中所取得的訊息。這些機構灌輸的信念既能推動我們前進，也能讓創傷循環在我們的社區中不斷擴大。其中一個顯著的文化規範的例子是，一個人不應該把家務事告訴家人以外的人。這在許多社區中是心照不宣的規則。而這種觀念鼓勵個人和家庭隱藏對他們造成傷害的祕密。因此，在思考灌輸在我們身上的社會化訊息時，我希望你們思考這些文化腳本是如何推動了家人和你自身的共同信念。

這些訊息的例子包括：

❖「你不能把髒衣服晾出來。」

❖「即使他們傷害了你，他們仍然是你的家人，所以你必須對他們好一點。」

❖「無論長輩對你的行為如何，都必須尊重他們。」

❖「我們不去尋求治療；我們自己解決問題。」

❖「憂鬱症不是真的，你必須挺身而出擺脫它。」

❖「表現出自己的情緒是軟弱的表現。」

❖「家人以外的人不可信任。」

❖「每個人的機會都是平等的，除了你自己，沒有人會阻礙你。」

❖ 其他在你生活中對你造成顯著影響的人。

一旦完成了樹根周圍的土壤，這項工作就算完成了；好吧，暫時算是。你已經完成了一項艱巨任務的主要部分。現在讓我們暫停一下。此時，你可能正經歷著許多情緒。可能有憤怒、愧疚和悲傷的情緒在你的心中交織。這些反應十分正常，這就是為什麼我們要花點時間利用一些引導性寫作來進行反思。

暫停並檢查：你的心靈

拿起你的日記本。寫下完成「代際創傷樹」的過程。填寫創傷樹的每一部分時，你有什麼感受（關鍵字是**「感受」**）？哪些部分最困難？什麼時候你覺得自己最受傷？什麼讓你感到悲傷或憤怒？現在，花點時間想想這些感覺在你身體的哪寫部位出現？你是在腦中感覺到的嗎？還是胃裡？背部？最後，花點時間想想你的心靈。完成這項練習後，你覺得自己和家人之間的連結有多強？

我在這裡真正想說的是：你的心靈出現什麼樣的感受？你的心理、身體和精神方面感覺如何？我在此試圖讓你對自己有一個全面與整體的審視。在整趟旅程中，時常這樣做是非常重要的。因為清除代際創傷工作是非常困難的，因為它橫跨了許多面向，而不僅僅是跨世代。因此，在你開始下一階段的學習時，請為自己做一次更深入的審視，並自問：**「我的靈魂感受如何？」**如果「靈魂」這個詞會讓你聯想到任何宗教或精神體驗，那就試著用一個修改過的問題**「我的實際感受如何？」**一旦你這樣做，讓自己深呼吸幾次，使身心靈回到更中立的狀態。如果覺得有幫助，請在此暫停，以聲浴靜心來幫助你定心。

目前所學到的知識

本章包含了大量與家族有關的創傷、基因和創傷反應的生物傳遞訊息。其中包含很多繁瑣的細節，但你還是運用所學到，畫出自己的代際創傷樹。我希望你能為自己完成這部分旅程感到自豪。現在，你已經完成了這一切，請稍作停頓和呼吸，對以下問題進行更多的思考。準備好後，我們將進入下一章，帶你了解你的代際神經系統。

自我反思

1. 當你想到家人的身體與壓力有不同的遺傳關係時，你會產生什麼情緒？
2. 透過繪製族譜深入了解自己的家族傳承，你有何感想？
3. 到目前為止，你最想了解的是什麼？

第二部

抽絲剝繭

Chapter

6 代際神經系統

父母無法給你他們沒有的東西。

——蕾蒂，我的姊姊

人體的神經系統當中有一個分支直接負責處理人際關係，幫助我們與他人建立連結，使我們感到安全與可靠，科學家稱之爲**社交神經系統**（social nervous system）。它是人體的一部分，在胎兒還在母親的子宮內便開始發育，到了幼兒期迅速發展，幫助我們與社會建立連繫。嬰兒透過觀察照料者的面部表情和聲調，了解環境中的事物是否安全。有了足夠的線索表明周圍的環境沒有威脅，他們就會感到安全，並對周遭的一切感到好奇。但如果嬰兒的情緒屬於高度敏感，而又得不到足夠的安全提示，他們就會發展出過度反應的神經系統。當父母的神經系統過度反應，無法幫助嬰兒獲得安全感，就會導致嬰兒發展出與父母類似的神經系統。

神經系統的結構能幫助你暫時處理壓力、釋放壓力，讓你感到放鬆。但是，如果生活在未解決的創傷中，當神經系統不斷過度反應，就會讓你幾乎沒有釋放壓力和放鬆的空間，因爲大腦過度聚焦下一次的危險什麼時候到來，神經系統很難進入平靜的狀態。這便是未解決的創傷耗損神經系統正常運作的方式。

若要學習如何打破這些循環，你需要處理內在神經系統面對創傷時的反應，才能治癒內在處於身心斷裂的狀態。

代際神經系統

人類神經系統釋放壓力的方式與其他哺乳動物相似。我們的神經系統可分爲三個部分。第一部分是交感神經系統，它是神經系統的一部分，在受到威脅時會發出警報，讓身心做好自我保護的準備，隨時準備擊退威脅或逃跑：即戰或逃反應。其次是背側迷走神經系統，它是神經系統中與情緒影響最相關的部分，必要時身體會停止運作。當壓力大到難以承受時，背側迷走神經會使我們不動（immobility）和解離（dissociation）：即凍結反應。在極端的情況下，它會引發身體的極度耗竭，最終導致全身癱軟：即逃避反應。而在這兩個部分之間，還有第三個神經系統能幫助我們做好調節，使我們安全脫離保護機制，不會進入關機或是戰逃狀態。這個部分稱爲腹側迷走神經系統。在第三章中，我們提到了腹側迷走神經的調節練習，能防止我們高估情況的威脅性，穩定情緒，讓我們更容易與他人建立良好的關係。當我們處於戰或逃狀態時，腹側迷走神經可以抑制衝動，爲我們提供更多選擇。同時，它也負責建立和維持心理安全，留給批判性思維、尋找解決方案、獲取記憶，以及爲他人創造更多安全感的空間。如果我們自身缺乏安全感，就很難在生活中取得平衡，爲周圍的人創造一只安全的容器，這也包括我們的孩子。現在，讓我們花一點時間來增強你的腹側迷走神經系統反應。

找個舒服的位置坐下。吸氣時，試著讓肺部充滿空氣。當肺部充滿空氣後，屏住呼吸兩秒鐘。接著緩慢地吐氣，約七秒鐘。重複這個過程，持續五分鐘，因爲神經系統要進入放鬆的節奏通常需要這麼長的時間。留意你的身體對這種呼吸方式的反應。如果達到了平靜的狀態，這就是放鬆的感覺。但如果神經系統停留在生存模式中，你將無法以這樣的頻率達到平靜，反之，你將陷入亢奮的漩渦。在做完這個練習後，倘若沒有獲得平靜，你只需要多練習幾次就會看到效果。或許，你沒有立即感受到影響，不過這不要緊。

在此，我們以布魯克林多代同堂的例子來說明神經系統飽受混亂的概念。布魯克林從未感到滿足與安全感。在她的家裡，每個人都能感受到彼此之間緊繃的壓力。透過她的描述，我了解她們全家都活在生存模式中，因此進一步延續了布魯克林的家族創傷。布魯克林的母親和阿姨將自己母親容易躁狂的情緒內化到自己身上，在我們開始進行治療時，布魯克林也是如此。當其中一位家庭成員經歷負面情緒，所有家庭成員都會感染這個壓力，導致共同生活的家人出現混亂情況：母親和外婆互相謾罵（戰鬥反應）、布魯克林和阿姨則陷入關機和想要逃脫的逃避反應。家中成員對於家庭的集體壓力擁有不同的生存反應與因應方式。每種反應皆反映了不穩定的情緒，意味著她們難以控制情緒。

這種神經系統混亂的傳染效應，我稱之爲**代際神經系統**（intergenerational nervous system）。

除此之外，布魯克林的母親和阿姨還是雙胞胎。因此布魯克林的外婆、母親、阿姨和布魯克林，可以說曾在同一時間存在於同一個身體裡。神奇吧？當布魯克林的外婆懷孕時，她們四個人承受著相同的壓力源和相似的基因。雖然她們現在分別存在不同的身體裡，彼此仍深深地相互影響。透過她們的行爲、深厚的基因連結，以及共同生活中的不安情緒，進一步強化世代相傳的神經系統。我們的祖先有著類似指紋的東西，世代在大腦中留下獨特的神經模式。心理學家懷疑這些「指紋」有助於了解精神疾病的後續發展，而生物傳遞的獨特印記能幫助我們對某些性格，以及對於如焦慮等疾病的感受性有所了解。行爲障礙、認知問題和其他心理問題也被觀察到會透過基因傳遞。此外，如果家庭存在信任危機、缺乏開誠布公或人際關係問題，後代在創傷的表達方式上也會出現顯著差異。

勒曼努爾·李·比索伊（LeManuel Lee Bitsói）博士是納瓦荷族人，他在哈佛大學的基因科學研究中心指導多項基因研究。透過他的工作，使我們對表觀遺傳傳遞（epigenetic transmission）有更深入的了解。他的工作揭開了世代相傳創傷和歷史創傷是導致美國原住民家庭有身心疾病的原因之一。科學研究揭開表觀遺傳修飾甚至會透過多種方式損害器官系統（如大腦、心臟或腎臟），影響這些結構的發育和功能。壓力與人類福祉之間存在著眾多關連，許多科學領域幫助人們取得更清楚的生物圖像，使我們了解未代謝創傷（unmetabolized trauma）和身心斷裂所帶來的影響會跨越世代。

儘管數十年來，來自全球各地的多項研究都在密切關注心靈和身體疾病的遺傳負荷，但最能說明這些經歷如何從上一代傳給下一代的證據來自於家庭本身的故事，透過代際創傷癒合評估以及代際創傷樹反映出層層訊息。這是爲什麼我們會先探討這一層又一層訊息的原因，因為一旦深入挖掘，你會發現每個家庭都有自己的故事，而這些故事說明了世代相傳的創傷如何成為他們痛苦的中心。在這些故事中，有些細節比任何科學領域所及還要細微與複雜。有些創傷反應會反覆發生，需要人們一層層揭開。當我們這樣做時，許多家庭（包括自己的家庭在內）仍保留這些代際創傷的觸發因素，且不斷傳承下去。

代際觸發因素

當創傷症狀滯留體內，即當一個人經歷慢性創傷症狀時，這些症狀就會導致所謂的**創傷記憶滯留**。但你的大腦很聰明，它會將這種緊張情緒巧妙地隱藏在心理防線之後。這種應對機制已在體內成為預設程序，以幫助你在經歷創傷後繼續生活。但有時，過去的壓力會因受到觸發而解開，讓你的神經系統重新進入「戰鬥」「逃跑」「凍結」或「逃避」的反應，將你帶回創傷事件發生當下。

觸發因素可以是內在的**情緒訊號**（如失去自制力、感覺被遺棄、羞恥感等）和**外部感官訊號**（如看到意外事故、聞到某人身上的古龍水香味、聽到響聲等）。在你還沒有得到適當的治癒時，過去的記憶就被揭開，這種經歷將會讓你緊張起來。這些觸發因素會活化記憶，並在你的神經系統中喚起反應。每個人都有一定的能力來處理複雜的情緒，且對高漲情緒的耐受力都是獨一無二的，而最值得注意的便是我所說的**代際身心容納之窗**（intergenerational window of tolerance）。

身心容納之窗是令你感到舒適和安全的情感空間。在這處空間裡，你可以應對日常壓力、解決生活和人際關係中的問題，並感到相對平衡。但是，當你被逼到情緒極限之外時，將會出現高度喚起反應（在這種情況下，會出現過度興奮、警覺、焦慮、憤怒、不安、激動和易怒等症狀）或過低喚起反應（在這種情況下，會出現退縮、麻木、羞愧、憂鬱和關閉自我）。你的代際身心容納之窗反映出你和前人的情感局限性彼此交織在一起。

當父母的神經系統長期處於壓力反應狀態時，子女就更容易擁有類似的神經系統結構，這便是脆弱情緒的生物遺傳。從生物學角度來看，他們的孩子在面對困難情緒時，比起父母沒有這種慢性壓力反應的孩子來說，更難適應。此外，父母會塑造子女的情緒調節能力，也會無意識中，教會子女如何因應壓力。他們為子女的容納之窗樹立榜樣，而子女們也會採用類似的容納度。這可能有點複雜，讓我舉一個診療室裡的例子來說明。

我有位名叫祖麗的個案，她的父親曾經歷過創傷，因此，即便發生了一件非常微不足道的事情，他都會進入過低喚起反應狀態（即情緒關閉）。這意味著他的容納之窗很小，幾乎沒有能力面對壓力。對他來說，任何超過輕微壓力的事情，都會讓他造成嚴重的關閉情緒問題。引發這種反應的原因在於他有先天脆弱情緒傾向，還包括自己過去的創傷，使他很難承受微小的壓力。因此，當他面臨壓力時，很難保持冷靜和專注，且容易退縮，進入一種逃避或關閉狀態，必須依靠酒精來麻痺過度緊張的情緒。這一連串行爲是我的個案從嬰兒時期就開始觀察到的壓力反應模式。隨著時間的推移，這已經成爲她在面對自己的壓力時的行爲反應。

我的個案生來就難以承受巨大的壓力。家人甚至曾說她在嬰兒時期，很難恢復平靜，一點小事就會讓她哭鬧很久。每當她感到不知所措、事情超出情緒容忍度時，她就會就像父親一樣，進入過低喚起狀態。神經系統反應會默認她的遺傳傾向，以及她看到父親的反應模式，進而展現了代代相傳的脆弱情感，容易感到疲憊和解離，同時也學會了因應壓力的方式，即以狹隘的情緒容忍度，表現出逃避或關閉反應。

一旦這種反應被觸發，我的個案就不會和任何人說話，並自我隔離。但當她成爲母親時，看到自己的孩子表現出與她從父親那裡繼承到的類似反應，她感到非常沮喪。她目睹了代際耐受力下降的循環，即壓力承受能力下降的循環。我的個案的孩子爲她提供了一面鏡子，映照出她的心靈。祖麗希望打破這種循環，並將更好的特質留給她的孩子和後代。

這意味著我們需要一起挖掘她的家族所反映出的代際神經系統反應，擴大她這一代的容納度。這樣才有機會爲她的孩子們豎立榜樣。

這也是你們需要考慮的一項任務。在我們的原生家庭中，每個人都透過觀察家庭成員和照顧者的反應，學會了如何因應自己在生活中所面對的壓力。這也是代際神經系統過度反應的建立方式。家族之間會彼此承繼特定的壓力反應，每個家庭和成員之間都有自己因應壓力的版本。你的家族代際神經系統絕對不會與其他人的相同，相反的，它會反映在你的代際創傷樹中，使你擁有獨特的創傷反應。你會注意到樹葉是樹幹的肥料，土壤是樹根的肥料。整棵樹的生態系統在痛苦中循環流動。這個循環的核心是一套尚未被破壞的代際神經系統反應。了解背後的原因可以幫助你將這些代際反應轉變爲更健康的因應方式。

代際神經系統反應的例子還包括：

- 在父母身邊，學會保持沉默的生存反應（陷入凍結模式）；他們的創傷反應則是在受到壓力時就大聲咆哮（被困在戰鬥模式）。
- 學會從某種情況下退縮的行爲（陷入了逃避或關閉模式），或是長輩施行虐待（陷入戰鬥模式）。

❖ 學會以尖叫來保護自己的反應（陷入戰鬥模式），因爲你生活中的成年人不斷指責你、辱罵你（他們也陷入了戰鬥模式）。

❖ 學到當遇到不舒服的情況時就逃離（陷入逃避模式），因爲沒有人聽你說話，所以人們傾向迴避問題（他們也陷入了逃避模式）。

❖ 此外，你還可以在列表中添加一些與你的經歷更相符的反應。

我一直對一個家族中的多種創傷反應表現形式感到著迷，但當我開始回顧自己的族譜時，才開始對這一概念有更深入的理解，且在個人層面上有更深刻的體會。我看到了自己的家庭成員都有著相似的反應模式：我的母親大部分時間都停留在戰鬥模式。當被逼到情感極限之外時，她會拚命反抗；我的父親則預設爲逃避模式。他會忍住自己的情緒、遠離衝突；我的姊姊的神經系統反應與父親相似，她一生中大部分時間都處在逃避衝突的預設反應；而我則反映了母親的創傷反應，所以對我來說，熟悉而自在的反應是戰鬥模式。

雖然我們的默認神經系統反應各不相同，但在這之間有一個共同點：我們處於一個集體情緒亢奮的家庭裡。當我們聚在一起時，各自的神經系統開始相互餵養，形成一個不穩定的代際神經系統。我們花了幾十年時間吸收和放大彼此的創傷反應。直到我和姊姊決定打破這種迴圈。當我們學會重組自己的反應，並爲父母開啓同樣的空間時，我們便開始了以家庭做爲一個整體的治療工作。

要從深植的創傷反應程序轉變爲更具建設性的行爲是相當困難的。我以個人和職涯上得到的經驗來談，如果你不對創傷做出破壞的舉動，會發現自己多年來一直生活在同樣的觸發反應中。如果你一直找不到解決的辦法、如果不處理創傷，你的後代就會繼承這些不穩定的代際神經系統、狹隘的代際情緒容忍窗口，以及一套使你與你的子女以及他們後代的代際觸發反應。這就是爲什麼打破循環是一項如此急迫的工作。

代際記憶

沒有人願意被觸發或停留在代際觸發的反應中。一般情況下，觸發因素會在不經意間闖入你的生活，而且觸發源來自於各種內部和外部事件。這是因爲代際觸發因素包括相異與被埋藏的回憶，這些回憶構成了龐大的代際記憶網路。觸發記憶可以把你送到另一個時空，有時甚至超越你一生的記憶。

以我的個案里昂爲例。里昂的祖父二十歲那年，曾遭一名陌生人毒打。他被打到腦震盪。此外，他還留下了一段刻骨銘心的味覺記憶。襲擊者在對他動手之前喝了一杯咖啡，咖啡的香味讓他留下了難以抹滅的記憶。在里昂祖父的餘生中，每當他聞到咖啡的氣味，都會觸發記憶，讓他回到被襲擊的那一刻。他會感覺不舒服、情緒低落，身體甚至做好了再次挨打的準備——儘管他並未受到任何威脅。

有趣的地方就在這裡。里昂的母親在襲擊發生多年後出生，和她的父親一樣，也覺得咖啡的味道令人厭惡，而里昂本人聞到咖啡味時也會感到反胃。三代人的記憶都會對咖啡味產生反應，這段記憶在幾十年前的一次創傷事件中，埋下了觸發因子。

這聽起來有些天方夜譚，但氣味記憶和這些記憶的基因傳遞都是經過研究探討的現象。氣味成為強大的記憶連接器，與童年記憶相連。許多童年遭受性虐待的倖存者報告指出，發生性虐待的家中氣味是如何烙印在他們的腦海中。直到成年後，這些氣味仍然持續觸發他們的記憶。嗅覺與記憶的連繫尤為緊密，因為氣味可以直達大腦的邊緣系統，由於氣味直達大腦中心，進入與神經系統反應相連的系統，因此，氣味成了一種強大的記憶檢索器。此外，研究表明氣味與創傷配對具有多代效應，而且對特定氣味的敏感性會跨越世代。很有意思，是吧？

你無法立即回想起某些記憶，可能是有些原因的。這就是我在本章前面提到的心靈保護功能，它可以遮蔽掉一些痛苦的記憶，幫助你保存精神能量。這是一種應對機制，可以幫助你在創傷事件後正常工作。然而，在你的DNA中還儲存著一些遺傳記憶，等待你去獲取。如果能被檢索出來，將能幫助你更全面地了解自己是如何走到這一步，以及如何治癒創傷。

代際記憶的類型包括：

❖ **細胞記憶**：細胞和基因中會攜帶多世代的壓力記憶。細胞非常聰明，它們會記錄發生在我們身上的事情，甚至是在我們誕生於這世界之前所發生的事情。細胞中的基因表達反映了高水準的壓力，以及更容易被壓力環境觸發的基因表達，這就是細胞記憶的反映。細胞知道，我們來自於父母承受壓力的身體，它們會將這種壓力記憶保留在我們體內，使我們對過去的壓力記憶和現在的壓力源做出反應。

❖ **程序記憶**：在你的身體，即在你的大腦和神經系統中，攜帶了情緒壓力記憶。某些事件可能會重新點燃起這些記憶。里昂家族世代相傳的咖啡氣味就是一個例子。我們的感官：嗅覺、視覺、味覺、觸覺和聽覺都附著在記憶中。這就是爲什麼當我們被觸發時會透過感官，即透過當前環境中某些我們聞到、看到、嘗到、觸摸到或聽到的東西，讓我們回想起過去。

❖ **直覺記憶**：你的內在能知道血統中發生了一些事情，導致你的靈魂出現悲傷的情緒。直覺就是一種記憶，似曾相識的時刻也是記憶。夢境同樣是記憶的反映。這些都鎖定在你的直覺中，幫助你發展出超越意識思維的內在覺察。

觸發因素和創傷記憶交織在許多心理層面上，它們會在你最意想不到的時候悄然而至。但是，你的療癒之旅就是要擴展自我認知，然後將這一嶄新的內在覺察做爲治療的工具。

在我們繼續之前，請允許我詢問：你對這一切有什麼看法？是否有哪一種記憶類型引發了你的思考或情緒？如果有的話，這可能是你停下來寫日記的好時機。也可以只是靜靜地坐著，留意自己的感受。記住，當你靜坐靜心時，最好做幾次深呼吸。準備好後，讓我們繼續本章的練習。

打破循環：擴大你的代際身心容納之窗——ETF練習

透過提高你在任何特定時間點所能承受的壓力，擴大你的容納之窗，讓你遠離觸發因子，使你感受到安全和連結。我們的目標是提高你承受壓力的能力，這樣它就不會扎根在靈魂深處，成為你一生的負擔。要做到這一點，需要每天練習，多次重複，但從長遠來看，這是值得的，因為它能幫助你的神經系統更快、更頻繁地放鬆。

在本章的練習中，我想把重點放在擴大你的安全區。讓我們在日常生活中，引入一種經過改良、跨世代的情緒釋放技巧（EFT）。這是一種身心練習，透過拍打刺激穴位，有助於減輕與壓力、焦慮、憂鬱和創傷相關的症狀。在本練習中，我們將借用印歐語系的古老語言，也就是梵語中的**「唵」**（om）發音來做練習。「唵」被認為是梵語中最具力量的聲音，其聲音的振動能直接連接到我們神經系統的腹側迷走神經。請按照以下指示進行：

❖ 在感覺安全的地方找一處舒適的座位。如果能坐在室外會更好，因為在練習過程中，我們會將重點放在定心（如果你想進行培養安全空間的練習，可以在第一章的〈準備開始練習〉，找到培養安全空間的練習）。

❖ 安頓好後，調整你的呼吸，並加深它。

❖ 增加吸氣（約五秒）和吐氣（約七秒）的時間。

❖ 在下一次吸氣時，在腦海中浮現出自己冷靜、沉著、集中的感覺。

❖ 下一次吐氣時，發出「唵」這個梵音，將治癒能量注入自己在安全區的形象。

❖ 隨著下面的吸氣，在腦海中浮現出一位祖先的形象，由於他沒有學會治療工具，因此無法擴展他的容納之窗，而你想傳遞給他一些治療振動。

❖ 下一次吐氣時，發出「唵」這個梵音，想像向你的祖先呼出愛和治癒的能量。

❖ 現在將你的呼吸帶入正常節奏，像平常一樣呼吸。

❖ 雙手合十，用食指、中指和無名指在下面列出的經絡穴位上輕輕拍打五次。每次敲擊時，記得要呼吸。

1. 頭頂：你的主要血管沿著背部，與你的神經系統連接。

2. 眉毛內角：膀胱經與恐懼和煩惱記憶的經歷關連最緊密。

3.外眼角：膽經與情緒壓抑的經驗最為相關。
4.眼睛正下方：胃經與絕望經驗最相關。
5.鼻子下方：也就是督脈，與你的神經系統有關。
6.下巴：你的中央血管，連接著身心的所有其他功能。
7.鎖骨正上方的兩側：你的腎經，主要與羞恥感相連。
8.手臂下方（腋窩）：脾經，主要與冷漠和厭惡有關。
9.手掌側面：小腸經，它與否認和麻木的關係最為密切。

❖ 最後，我們再進行一次，結束這項練習，將雙手放至身體兩側。
❖ 再次深呼吸。
❖ 增加吸氣（五秒）和吐氣（七秒）的時間。
❖ 下一次吸氣時，在腦海中浮現出自我形象，感覺自己冷靜、沉著、集中。
❖ 下一次吐氣時，發出「唵」這個梵音，將療癒能量注入這個處於安全區的自我形象。
❖ 在接下來的吸氣中，在腦海中浮現出一個沒有獲得治療工具來擴大自己安全區的祖先形象，你想向他傳送一些治療振動。

❖ 下一次吐氣時，發出「唵」這個梵音，將療癒能量注入到你的祖先。

❖ 現在將呼吸帶入正常節奏，像平常一樣呼吸。

❖ 向你的祖先表示感謝，感謝他們出席這次的儀式。並感謝自己花時間打亂神經系統中的創傷序列。

目前所學到的知識

在本章中，我們介紹了代際創傷的主要傳播者之一：代際神經系統。一個世代的創傷反應會透過不同的神經系統反應，傳遞給下一代人。這種預設的神經系統反應可能一時間讓人難以承受，因此，請給自己一點時間消化這些訊息，也許可以回到代際情緒釋放技巧的拍打練習中，讓神經系統得到更多放鬆。你還可以在這裡加入聲浴靜心，安撫你的代際神經系統，達到更多安定心神的效果。準備好後，進入本章的自我反思。接著要進入下一章，介紹你的代際內在小孩。

自我反思

1. 你是否對於代際神經系統的多層次有了更深入的了解？
2. 在你的家庭和社區中，存在哪些代際觸發因素和創傷反應？
3. 當你使用拍打技巧做為一種打破循環的練習時，想到了什麼？

Chapter

7 代際內在小孩

十二歲時，我便成了今天的我。

——卡勒德·胡賽尼（Khaled Hosseini）

童年的關係品質，尤其是與照顧者的關係，爲你與他人的依附關係奠定了基礎。倘若在成長中，這些關係給予支持與安全，你就能好好地建立起安全的依附方式和健康的信任，在人際關係中與人保持緊密的關係。相反的，如果這些關鍵歲月無法獲得安全感，也沒有處在可以得到支持的環境，你將可能發展出沒有安全感的依附方式，並使內在小孩遭受創傷。因此，你將面臨每一段關係都有可能遭受相同情緒傷害的風險。這也意味著，如果你能透過自我療癒，學會建立安全、信任和可靠的連結，就能幫助消除童年時期發生的情感傷害。讓我們利用這一點來了解童年壓力，及治癒過程中世代相傳的內在創傷。

持續傳遞的童年壓力

人類天生就需要與他人有所連繫。我們需要一種歸屬感、依附感和安全感。從出生的那一天起，就本能地尋找能幫助我們發展連結的經驗。嬰兒時期，我們會在需要安慰時啼哭。從生物學角度來說，哭聲會發出訊號，希望大人會安全地抱住我們，並給予一個溫柔的微笑，表示一切安好。這對發育中的大腦和神經系統發出的訊息是：「如果我需要安慰，他們會回應我。因此，我可以依靠他人。」

幼年時期，幼兒和他們的照顧者之間會形成一種節奏。比方說在襁褓時期，你躺在嬰兒床上，大人會去替你沖泡牛奶。然後，回到床邊餵奶、對你微笑、幫你拍嗝，讓你感到舒適。他們照顧你的需求，給你一個使你感到放心和安全的微笑，然後你就可以放心休息和消化食物，這是穩定神經系統的基本機制。你認爲照顧自己的人值得信賴，他們便成爲一個安全世界的象徵，爲你帶來平靜，因爲此時的你無法靠一己之力獲得平靜。這種持續的關注是安全依附的基礎，也就是基於受到保護而產生的一種關係連結方式，使你知道自己可以依賴他們。即使你不記得這些互動，但它們卻會對你的成長產生深遠的影響。

對於在具創傷的家庭中長大的孩子來說，這種模式可能會大不相同。照顧者與孩子之間的連結可能會因爲虐待、疏忽照顧、吸毒、精神疾病、過度依賴、毒性關係、情感不協調或分離等因素而變得模糊不清。在這種情況下，依附無法找到安全的基礎，使這些家庭轉而陷入創傷的循環。

嬰兒與照顧者互動時，會發展出對等的表達模式。如果成人的面部表情傳達出積極正面的效果，嬰兒就可以得到休息，並以溫和的好奇心探索世界。但如果照顧者的面部表情沒有反應，例如，當父母不理會或忽視嬰兒的需要，嬰兒會立即注意到這種變化，並反覆嘗試獲得父母的關注和關愛。這種持續監看照顧者是否對他們有求必應的做法，會讓寶寶疲憊不堪，最終導致情緒停滯。在此情況下，嬰兒爲了生存，也學會了以同樣的方式關閉自己的情感。這就意味著，成人身上持續存在且未經檢驗的創傷症狀，會導致孩子早期的情感破裂，反過來造成孩童缺乏安全感，即損害兒童信任他人的能力。

幾年後，這名缺乏安全感的孩子將變得更需要得到肯定。然而，由於他們的父母很可能仍被自己的創傷壓得喘不過氣來，他們會過於專注於有助於建立安全基礎的方式來照顧孩子。這會傳遞「過度溺愛」或「難以去愛」的訊息給孩子。如果不加以關注，這些訊息就會內化，造成內在小孩的創傷。這些創傷始於孩子成長的關鍵時期，卻會持續對他們一生造成影響。

關鍵時期

科學家認爲人類發展過程中的某些時刻是成長的關鍵時期，在子宮裡就是一個關鍵時期。在這個時期，你正在發育生命所需的所有重要器官。生命最初幾年則是另一個關鍵時期，因爲這幾年將幫助你建立社會連結的基礎。正是這兩個關鍵時期，大多數壓力反應會在神經系統和大腦中形成。當嬰兒聽到家裡有人大聲喧譁，微小的神經系統就會進入警戒狀態，使觸發反應顯現出心跳加快、呼吸變淺、消化收縮、瞳孔放大、出汗和肌肉緊張等症狀。嬰兒處於戰鬥、逃跑、凍結或逃避反應中，他們的杏仁核也處於高度警戒狀態。壓力荷爾蒙充斥著他們幼小的身體。倘若這種情況經常發生，發育中的身體就會陷入緊張的狀態。

現在，讓我們來看看家中若頻繁出現叫喊聲，會對嬰兒造成什麼樣的影響。倘若嬰兒家中經常出現吼叫聲，它很可能來自一位處於不穩定狀態的成年人，他們的神經系統便會處在發炎、不穩定的狀態。這使得兩個人展現了高度的毒性關係壓力。就這樣，演變成了代際壓力。無法正確調節自己情緒的成人，促成了孩子神經系統的錯誤調節。科學家告訴我們，如果沒有解決承襲的壓力，嬰兒長大後也會把同樣的壓力傳給他們的孩子，循環往復。

儘管有些壓力對於正常發育來說是不可或缺的。我們的神經系統就是爲了有效地管理可承受的壓力。然而，當一個人的身體持續活在創傷之中，便會承受太多壓力，當壓力達到過高的程度時，經歷壓力的人就會發現要將能量排出體外變得更加困難。因此，你的身體就成了有害情緒能量的儲存庫。如果這種壓力恰巧在生命早期發生，就會發展成一種傷口，一直伴隨你長大成人。這便是童年不良經驗的典型症狀。

代際逆境經驗

關於創傷壓力在社會中的作用，我們所掌握最有力的支持性研究之一，是來自於美國疾病控制和預防中心的童年逆境經驗研究。童年逆境經驗研究始於一九九〇年代加州的一項調查，針對南加州一萬七千多名健康維護組織的成員進行調查，了解他們童年時期的經歷，對生活所產生的持久負面影響。研究人員將重點放在父母遭監禁、使用藥物、家庭虐待、因離婚或死亡而失去父母、性創傷、情感和身體上的忽視、家庭中的精神疾病，以及經歷或目睹暴力的童年經歷。這項最初的研究有不足之處，因爲它並未包含來自不同文化背景的人，也沒有考慮到這些核心領域之外的不同經驗。儘管如此，探究一個人的童年逆境經驗對於大多數創傷倖存者來說，仍然是一個重要的治療對話開端。

我的個案里昂和我在最初的治療談話中，開始討論他的童年逆境經驗。我們決定一起深入探討一份童年逆境經驗問卷。這份問卷包括關於童年的十個逆境問題，並允許個人或臨床醫師在最後進行統計。問卷上的合計分數以零分表示沒有發生過童年逆境事件，十分表示共有十類值得注意的童年逆境事件。隨著里昂對童年逆境經驗的了解，他表示這種看待自己童年創傷的新方法讓他感到欣慰。然而，儘管問卷確實幫助我們填補了一些關於里昂童年遭遇的空白缺口，但它並沒有幫助我們填滿整個故事。童年逆境經驗問卷不僅沒有反映出他成長過程中的有害方面，甚至連我們隨後獲得的修改版問卷也沒有反映出來，而且問卷也未能反映出他的代際歷史。因爲有證據表明，父母的不穩定情緒會導致虐待，進而影響孩子的情緒和行爲能力。因此，我們也需要了解他們童年時期經歷的逆境。

里昂和我開始開發一個更全面、更個性化、更跨世代的童年逆境經驗版本，希望能將家族歷史融入其中，講述他的整個故事。正是在與里昂和其他個案的合作中，我感受到了同樣的局限性，於是決定著手製作我的代際逆境經驗問卷。這項評估讓我的個案填補空白缺口，使他們對逆境經驗的回憶更有層次感和細節。

其中三個核心領域重點爲：（一）**在你身上發生了什麼？**（二）**在你之前發生了什麼？**（三）**在你周圍發生了什麼？**這些問題讓我們不僅有機會討論直接以及間接發生在個案身上的事情（或在他們的家庭和社區中發生的事），也可以探討導致他們生活在逆境中的原因。雖然我留了很大的空間，爲每一位服務對象一起訂定代際逆境經驗問卷，但我們一開始就把重點放在幾個主題。我的個案根據他們的經驗回憶，從這份清單中選擇了影響他們最深的事件。我鼓勵你們也這樣做。選擇清單上與你的世代經驗連結的項目。與童年逆境經驗問卷不同，我們不會針對答覆進行統計，並給你一個需要關注的數字，儘管出於研究和資料收集的目的，評分可能是一個重要的參考工具。然而，出於要遵循擬定的治療方式目的，計算分數可能會分散掉我們對你每項答案所能提供的，更全面、更細微差別故事的注意力。

相反的，我們會把清單上的每個項目做爲對話的開端，並供你思考。因此，如果你願意的話，在閱讀時可以就每個項目撰寫日記，以擴展你對每項個人經歷的反思。這樣做時，你必須明白這份調查表中「在你之前發生了什麼事？」及「在你周圍發生了什麼？」的內容，絕不能成爲替你之前未打破循環者的傷害行爲，或是周圍機構強加給你的有害行爲、信念、做法和促成創傷的結構性傷害找藉口。它只是幫助你理解痛苦和創傷的各個層面。這些都是你個人歷史的一部分。

在你身上發生了什麼（童年逆境的直接經驗）？

- 我沒有得到關愛。
- 我受到辱罵或情感虐待。
- 我長期被貶低。
- 我被毆打。
- 我受到性騷擾。
- 我的父母不健康地分居或離婚。
- 家中有家庭糾紛。
- 親人早逝或遭受暴力傷害死亡。
- 離鄉背井。

- 我不得不或被迫離開熟悉的地方，移民他鄉。
- 我經歷過醫療創傷。
- 經濟拮据。
- 我的照顧者遭監禁。
- 我因文化身分而受到迫害或壓迫。
- 家中有人長期面臨精神健康問題。
- 家中有人長期罹患慢性疾病。
- 家中有人吸毒或成癮。
- 其他任何對個人造成創傷的情況。

在你之前發生了什麼（代際童年逆境）？

- 我的父母、祖父母、家人和祖先沒有得到愛和親情。
- 他們受到辱罵或精神虐待。
- 他們長期被貶低。
- 他們被毆打。

- 他們受到性騷擾。
- 他們的父母不幸分居或離異。
- 家庭中的成年人發生家庭糾紛。
- 他們所愛的人早逝或遭受暴力傷害死亡。
- 他們離鄉背井。
- 因條件惡劣而被迫移民。
- 他們經歷過醫療創傷。
- 經濟貧困。
- 他們的照顧者遭監禁。
- 他們因文化身分而遭受迫害或壓迫。
- 家中有人長期患有精神疾病。
- 家中有人長期患有慢性疾病。
- 家中有人吸毒或成癮。
- 任何其他感受到代際創傷的情況。

在你周圍發生了什麼？（社區或社會集體逆境）

- 我們遭遇了全球性流行病。
- 我們不得不生活在恐懼之中，害怕因爲邊緣化的身分而成爲暴力攻擊的目標。
- 我們展現了有害的文化價値觀，這些價値觀被正常化，並讓更多的創傷得以延續。
- 我們是文化種族滅絕的倖存者。
- 我們遭受著持續而普遍的文化壓迫。
- 我們被迫融入不同的文化和語言。
- 我們不得不目睹社區成員遭受恐嚇或殺害。
- 我們的生活被否定或被系統性地針對。
- 我們受到自然災害的逆境影響。
- 任何其他集體遭受創傷的情況。

里昂發現，經過修正的童年逆境經驗問卷更有說服力，也更令人信服。透過自己的回憶，他能看見體罰的文化訊息如何在他的家庭和社區中肆虐。他反思了這種體罰如何在他的社區被正常化（集體／文化層面：里昂周圍的文化，回答了「你周圍發生了什麼？」）

他的父親如何被自己父親的拳頭和母親的皮帶狠狠地毆打（代際層面：里昂的家庭在世代間發生了什麼？回答了「在你之前發生了什麼？」）以及他無法擺脫父母隨後傳遞給他的身心痛苦（個人層面：里昂直接遭受的創傷，回答了「在你身上發生了什麼？」）他因此能更全面地了解自己童年的創傷經驗，雖然回想這些事很痛苦，卻幫助他卸下了身上的沉重負擔。

當我們透過對這些痛苦經驗的抽絲剝繭，改良版童年逆境經驗問卷的核心問題就變得非常重要。「**透過幾代人的經歷**，來看待你身上發生了什麼？」這個問題不僅關注自己的童年，還關注你祖先的創傷，以及在你的血脈中延續創傷的系統性影響。這項練習將成爲一次探索家族過去的創傷如何壓垮你現在靈魂的關鍵。重點並不一定是要對那些沒有努力打破這種循環的人建立同理心（他們要不是因爲缺乏資源或動力，要不就是因爲他們有意造成傷害），相反的，這項練習的重點在於了解你的創傷的全部故事，以幫助你盡可能全面地治癒創傷。

做爲一名臨床醫師，我會結合從代際逆境經驗問卷、代際創傷癒合評估和代際創傷樹收集到的資訊，替我和我的個案勾勒出一幅完整的工作全貌。雖然這聽起來像是一項艱巨而繁重的任務，但我常常會對我們下一步將如何幫助個案釋放他們的痛苦充滿動力和好奇心。在你的閱讀過程中，不妨在此停下來，反思並寫下這一切對你意味著什麼，特別是跨世代的意義。回顧一下你迄今爲止所做的蒐集資料工作。對你有什麼影響？你能從迄今爲止寫下的內容中，總結出哪些模式？由於這可能會爲你的情緒增加負擔，因此，你可以先做幾次深呼吸，然後再進入下一個環節。

他們的內在小孩變成你的內在小孩

創傷受害者的情緒，通常會停留在當我們的安全和與他人連結遭受損害的年齡階段。在這個年齡階段，敏感度會提高，我們會敏銳地意識到自己不再處於安全或穩定的環境中。心理學家因此將這一年齡階段稱之爲**「內在兒童創傷」**，一種源自童年背負的心理負擔。

你的內在小孩是童年時期情緒受到壓抑的反映，這些情緒從未有機會得到充分的感受和有效的管理。這種壓抑往往會在之後的生活中再次出現。你可能會注意到自己有種深深的恐懼，害怕某個人可能會拋棄你。這可能源於童年時的一次經驗，當時你覺得自己被照顧者拋棄；也可能是你的自尊心太低，有取悅他人傾向，難以爲自己設定界線，這與你小時候在情感上或身體上被忽視的經歷不謀而合；也可能是你缺乏安全感，這種經驗與你無法信任身邊的成年人有關；又或者你對大多數事情都感到內疚，可能是你童年時受到指責和成爲代罪羔羊的結果。在這些經驗中，童年的痛苦在你長大成人後，留下了情感的印記。這些經驗留下的印象不會自己消失，相反的，它們會滲透到成年後的友誼、戀情、事業以及與子女的關係。也就是說，直到你學會塡補空白、關注自己的內在小孩，才能重新培養與自己的關係。

每個人都有內在小孩，包括你的父母。如果他們沒有健康的童年經驗，這將導致他們把一、關於自我價值的負面想法內化到自我；二、同樣的想法傳遞給你。但這種情況如何發生？大部分是透過模仿。例如，當你的父母還是孩子時，他們壓抑自己的情緒以服務他人，使他們養成取悅他人的習慣。小時候，你可能看到他們過度取悅他人的行爲，然後你就吸收了他們在人際關係中表現出來的這些特點，將這些人際關係特質內化爲自己的特質。這就是內在小孩透過代際傳遞的一個例子，由父母在幼年時期承繼的情感創傷，傳遞給你。

除了模仿，家庭成員對你造成的直接傷害，還可能會透過你的內在小孩代際傳遞。例如，有些家庭世代會以體罰方式對待孩子。假設你的曾祖父母以此方式養育他們的孩子，你的祖母因此受到父母加諸在她身上的暴力對待，對她造成了內心的創傷，但同時也爲她如何懲罰自己的孩子（你的父親）樹立了一個模仿榜樣。這就是循環持續不斷的方式。體罰是就是一個例子，說明照顧者如何對待自己的孩子，進而讓這種循環繼續下去。

內在小孩創傷傳遞的另一種方式是透過照顧者的**匱乏**，比如提供情感支持。例如你的父親小時候沒有從父母那裡得到情感上的肯定，那麼他也不會憑直覺知道要去了解你的情緒，他從未了解到孩子的情緒也是需要受到肯定的，因此你深深感受到他忽視你的情感。這並不是孩子的需求被忽視的藉口，但它提供了一個跨世代的視角，讓我們看到情感忽視的循環如何繼續。

對你做的（如體罰）和沒有給予情感認可，都可能是家族遺傳給你的內在創傷結果。也許在你的家族中，某個內在小孩創傷的版本如何在你的家庭中循環出現，對你來說更明顯可見。這可能是一個關鍵的機會，讓你退後一步，反思這些代際內在小孩的創傷如何傳遞，問問自己這些問題：一、我**模仿**了什麼？二、他人**如何對待我**？三、我**從未接受**過什麼樣的對待？

當你開始詢問關於照顧者的童年和他們的照顧者的童年相同問題時，會發現共同的線索。代際的共同性和模式開始變得更加明顯。這些通常被認爲是理所當然，因爲從來沒有人解開過它們，如果不加以揭示，它們就會被正常化和代際傳遞。學會揭示這些創傷可以做爲確保你不會繼續把它們遺傳給下一代的第一步，這也是你朝向將穩定情緒、安全和成熟傳遞給後代邁出的第一步。這些長期存在的代際童年創傷可以隨著你而結束。

情感不成熟的父母

在一個相對穩定的家庭中，照顧者能成爲孩子情緒的容器。他們可以容忍孩子的成長、獨立、叛逆和需求，鼓勵孩子健康地表達所有情緒。然而，在一個存在有害特質和情感不成熟的家庭中，孩子的內心創傷則會代代相傳。情感不成熟的照顧者是指不能充分調節自己情緒觸發點的人，需要他人爲他們管理情緒。在某些情況下，這些「他人」就是他們的小孩，因爲孩子容易受到傷害，而且容易接近。

在這樣的家庭中，孩子成了父母未治癒傷痛的情感寄存處。這些父母開始利用子女，透過與子女過度分享，來獲得自己情感上的支持，這就是所謂的**情感亂倫**。在這種情況下，子女就扮演了「親密伴侶」的角色，父母可以與他們分享所有擔憂和不安全感，導致子女將移情壓力內化。移情壓力由父母傳給子女的原因是孩子觀察到父母不堪重負，並希望爲他們解決問題。但大多數情況下，孩子沒有能力治癒好父母的痛苦，相反的，他們只是攝取這種痛苦，並在長大成人後，繼續爲父母背負傷痛。

我的個案里昂的父母在情緒上並不成熟。尤其是他的母親，脾氣相當暴躁。這經常導致她對里昂進行言語和身體上的斥責。當她把里昂推得太遠，以至於使自己感到孤獨，在這種情況下，她會利用里昂的注意力來塡補空虛，例如，她經常問里昂：「你愛我嗎？」「你覺得我是不是位好媽媽？」並說：「給媽媽一個擁抱。」當她爲虐待孩子感到內疚，或當她覺得自己被遺棄的傷口被觸發時，她會用孩子來撫慰自己的痛苦。里昂被教導成母親的情感毯子，她希望他能成爲她的慰藉。因此，他長期以來幻想著自己能把母親從痛苦中拯救出來、他能治癒她內在持續受創的小孩，讓她不再對里昂表達痛苦。但介入拯救父母會給孩子帶來不可避免的後果：他們會忽視自己的需要，形成取悅他人的特質。爲了打破這種情感不成熟的循環，關鍵是要學會如何自我安慰、治癒自己內在小孩的創傷，並關注自己的依附類型。

代際依附類型

童年時期的紛擾會影響你與他人連結的方式，這是不可否認的事實。你與他人的關係，取決於你在成長階段所建立的連結品質。當父母能解決自己內在小孩的傷口，以及能在情緒上變得成熟，也就是與他人建立安全和信任的連結，孩子也就有了學習安全依附的堅實基礎，而安全依附可以爲創傷提供緩衝。但是，如果你沒有這種基礎，或者安全基礎在童年的關鍵時刻產生動搖，將會造成情緒失衡，繼而產生不安全的依附。

還記得我們在第六章中了解到的「過度活躍的代際神經系統」嗎？你的照顧者的神經系統要不會與你建立連結，要不就是過度活躍，幾乎沒有調適的餘地。童年時期的不良調適可能會成爲成年後，持續存在依附問題的原因。要建立安全感，身體和情感需求需要得到持續的滿足。這種一致性能讓你的神經系統體驗到平衡和協調。依附理論認爲，長期處於緊張狀態的父母，無法爲孩子提供安全的依附，倘若神經系統一直處於不安全的狀態，就不容易與孩子建立健康的連結，使父母難以（雖然不是不可能）爲子女建立安全的依附基礎。父母如果在被拒絕的敏感性和被遺棄的創傷中掙扎，而且無法與孩子建立情感連結，將難以給予孩子他們自己所沒有的東西。

做爲成年人，你可能很容易重複童年的經歷，並在不知不覺間，與自己的孩子建立相同的依附模式。這是個人如何在無意識中成爲循環的維持者，或者，你可以選擇成爲循環的打破者，走上治癒內在小孩、情緒成熟和安全依附基礎的道路，改變你的血脈軌跡。

這就是里昂做出的決定。他重新定向了內在小孩傳遞創傷的軌跡，開始有意識地對自己進行再教育，並治癒了家族幾代人無法治癒的創傷。你也可以做到，第一步是捕捉這些模式如何表現出來。這需要更深層次的思考，所以請暫停，並思考這些問題，以揭示層疊的依附關係歷史如何進入你們的家庭生活。

- 描述你與主要照顧者的關係。
- 當你小時候需要他們時，發生什麼事（例如提供愛、養育、幫助、安全等）？
- 你需要他們時，會產生哪種情緒？
- 請用幾個詞描述你的照顧者與他們的照顧者之間的關係。
- 他們小時候有需要時（例如說明、愛、養育、安全等），會發生什麼事？
- 他們對自己的照顧者表達需要時，會產生什麼情緒？
- 兩代人依附的相似之處在哪裡？

❖ 兩代人依附的差異在哪裡？

❖ 你希望如何打破依附他人的方式，包括下一代，你的後代？

健康的依附關係對所有人至關重要。人類無法擺脫依附關係，這意味著人際關係與生存和福祉是永遠不可或缺的。所以了解你的依附層次歷史和致力於建立一個不同的遺產，將是你今後如何處理人際關係的一個關鍵。讓我們花點時間看看亞拉如何做到這一點。

亞拉的遺棄創傷

個案亞拉的父親經常缺席，沒有善盡照顧她的責任。他總是不在身旁陪伴，以至於亞拉很難信任他。有一天，在她還很小的時候，父親忘了去學校接她。亞拉覺得自己被拋棄了，對父親能夠照顧她的信任也喪失了。後來，亞拉的爸媽因此大吵了一架，這讓亞拉為當初需要父親而感到羞愧。爭吵非常激烈，父親當天離開家門，而且再也沒有回來。她在我們的談話中喃喃說道：「要不是我需要他，這一切就不會發生。他也就不會離開。」

在接下來的童年和成年生活中，她養成了一種強烈的自給自足傾向，這樣她就能避免遭到被遺棄的情感負擔。她再也不想給別人增加負擔，也不想背負別人離開的悲痛。但是，當她爲他人減輕負擔時，卻給自己帶來了更大的負擔，那就是過度獨立。她表現出過度依賴自己的行爲，害怕別人會讓她失望。這種過度獨立行爲的核心是對他人缺乏信任。「我不相信別人會支持我」是她內心不斷循環的想法，她的生活就是圍繞著這種恐懼展開。如果我們要幫助亞拉將碎片拼湊起來，就必須幫助她摒棄這種恐懼。首先我們研究了她的代際逆境經驗，並開始抽絲剝繭。她的父親也曾被他的照顧者拋棄，這是一種代際創傷，因此，亞拉更加堅定要找到擺脫這種模式的方法。

由於亞拉遭遺棄的創傷是她不再相信任何人會出現在她身邊的想法所致，我們的任務就是摧毀這種信念。因此，我們從小事做起，幫助她建立信任。我們處理了她在允許別人出現在她面前時的不適感，並努力擴大她對「自己不是負擔」這一想法的信任。我告訴她：「妳應該輕鬆地信任別人，但讓我們從小事做起，慢慢來。」因爲亞拉相信我的指導，即使她仍然不相信自己或他人，但她相信這項任務的價値，那天起我們便開始了這項工作。

我請亞拉向一位她認識了大約五年的朋友提出一項簡單的請求。她們之間的關係不是很平衡，由於過度獨立的緣故，亞拉不允許這位朋友爲她做某些事情。例如多年來，她的朋友不只一次提出要接亞拉去聽音樂會的想法，但這對亞拉來說，是一個很大的觸發點，因爲這讓她想起爸爸沒有來學校接她的回憶。這種不信任感讓亞拉和朋友之間產生了距離。所以我們把這個信任的舉動做爲最終目標：亞拉願意接受朋友接她參加活動。

但我們必須從小事做起。起初這意味著允許朋友爲她預訂音樂會門票。每次的小小信任都是亞拉重新塑造自己的機會。透過這個過程，她在接下來的任務中，學會了在情感上取得平衡所需。有時，她會不斷提醒自己深呼吸。有時，這像是她對自己的一種確認，確保自己不會再被拋棄，如果她能做到相信自己，也就能挺過這段經驗。

透過這個過程，亞拉開始相信她的父親也需要對自己童年的創傷進行再教育。我們經過討論，知道她的父親也曾被照顧者遺棄意味著什麼。在治療過程中，我們留出了一些時間來處理她的康復將如何影響世代家族，包括她的父親。亞拉並沒有原諒或對父親的遺棄找藉口，相對的，只是承認她的康復將對世代造成影響。她是在爲自己，也是在爲其他無法治癒的人取得治癒的機會。隨著時間過去，亞拉能夠打破那些代際小孩創傷，與他人建立信任。經過幾個月的累積，亞拉終於可以讓朋友接她一起參加活動。

但這一切都源於她對我的信任，相信我能夠幫助她，以及她允許自己在過程中的不適，重新教育自己的代際內在小孩。對你來說也是如此。首先要打破那些行不通的養育循環，在日常生活中轉變為重新教養過程。我們將在下文中深入探討如何做到代際重新再教育。現在，讓我們深入探討一下循環打破者在自己的療癒之旅中注意到的教養循環。

打破教養循環

為人父母的技巧大多是學來的。父母透過觀察其他父母，包括自己的父母來學習。而現實情況是，如果你的祖父母在養育子女的過程中出現問題，將會影響你的照顧者照顧你的方式。很多時候，育兒技巧代代相傳，有害的做法往往被偽裝成代代相傳的智慧（例如「我必須打你，你才會吸取教訓」）。這些有害的態度被傳承下來，變得正常化，然後以內在小孩創傷和不安全的依附方式再現。一些常見的有害的養育觀念和做法有：

- 「我掙扎過，所以你也應該掙扎。」
- 「我從沒聽母親說過她愛我，我還是過得很好。」
- 「我這麼做是因為我愛你。」
- 「有一天你會感謝我的。」

- 「孩子不該插手大人的事。」
- 「我不能對你心軟，因爲這個世界不會對你心軟。」
- 「你現在是家裡的男人、女人、某個重要人物。」
- 「你要學會明辨是非。」
- 「孩子應該被看見而不是聽見。」
- 「我說什麼就是什麼。」
- 「但他們是家人。」
- 「你必須給他們一個擁抱和親吻。」
- 「在男人和男孩面前要保護自己。」
- 其他。

而轉化爲世代創傷的不僅僅是價值觀。你在成長過程中聽到的那些耳提面命也會內化爲有害的訊息。從你的家人口中說出的不友善，有時甚至是暴力的話語，會讓你終生受其影響，比如：

- 「我不該生下你。」
- 「爲什麼你不能像你的兄弟姊妹？」
- 「你就像你的父親／母親。」
- 「我對你哪裡做錯了？」
- 「你是個意外。」
- 「爲什麼你什麼都做不好？」
- 「我不知道還能拿你怎麼辦。」
- 「你太醜／太胖／太瘦／太黑／同性戀。」
- 「如果你不那麼難搞，我們就不會離婚。」
- 其他。

長期沒進行有效溝通、貶低你的經歷、不允許你自然地表達自己的情緒，同樣在向你傳遞應該如何處理自己情緒的訊息。包括有人經常告誡你：

- 「忍著吧！」

❖「已經過去了。」
❖「別像個懦夫！」
❖「男子漢大丈夫。」
❖「沒什麼大不了的。」
❖「事情不是這樣的。」
❖「你太戲劇化了。」
❖「你其實沒那麼想。」
❖「你應該感到羞愧。」
❖「我不相信你。」
❖「你眞懶。」

身體遭受侵犯的兒童可能會導致他們留下只有自己才能看到和感受到的傷疤。別人可能看不到，但這些創傷對你來說才是眞實、痛苦的經歷。這些創傷通常包括：

❖ 性騷擾。

❖ 傷害你的身體。

❖ 缺乏身體隱私，尤其是在你成熟的時候。

❖ 透過「代理型孟喬森症候群」（Munchausen syndrome by proxy）對你的身體進行過度檢查，即有人謊稱你患有某種疾病，藉此尋求對你的關注。

它存在於從未給予你的東西，或者存在於從你身邊奪走的東西中。這可能是透過家庭中的人或制度，使你的關愛和親情受到破壞。這些例子包括：

❖ 家人無法給予愛。

❖ 得到的關愛少於兄弟姊妹。

❖ 得不到持續的認可和肯定。

❖ 得不到基本需求（如乾淨的衣物、適當的營養等）的關注。

❖ 被安置在寄養系統中，遠離最初的照顧者。

❖ 因戰爭、移民、監禁或其他系統性因素而流離失所，這些因素奪走了照顧者對你的照顧。

❖ 其他造成你的生活匱乏的原因。

過去經歷留給你的感受。有時你並不太記得家庭或機構是如何對你造成傷害，因爲對有些人來說，悲慘的童年已經成爲了一段模糊或被壓抑的記憶，但埋藏在內心的東西卻能說明你在童年時期受到的不平等對待，這些感受包括：

❖ 感覺自己不夠好。
❖ 感覺無法控制自己。
❖ 感覺無法建立或維持健康的界線。
❖ 感覺內心混亂，即使外部生活並不混亂。
❖ 感覺自己的需求不被重視。
❖ 感覺自己總是被誤解和忽視。
❖ 感覺自己被忽視，沒有被傾聽。
❖ 感覺無法信任任何人。
❖ 感覺無法信任自己。

- 感覺自己永遠不會被愛。
- 感覺自己沒有什麼力量。
- 感覺自己永遠是殘缺不全。

這些行爲和信念都是在童年時期學會的。教導你的人幾乎可以說是你生活中的成年人。這些成年人也可能是祖父母、叔叔、嬸嬸、表兄弟姊妹、宗教機構成員、鄰居、老師，以及幾乎所有與你親近或對你有威信力的社區成員，使他們有機會傷害你。

照顧者往往是造成這種傷害最常見的成年人，如果是主要照顧者，傷害的類型就不同了。畢竟，他們有保護你的明確職責。照顧者應該是你默認能夠保護你安全的人。然而，無論是父母還是社區成員、無論是哪種方式，最終的後果都是一樣：你有了一個充滿創傷、不成熟情感的內在小孩，或者依附方式破裂的成年人，創傷血脈的新傳承者。但這並不意味著你必須把它傳給下一代。你可以想辦法擺脫這些模式。而出路就是從重新教養代際內在小孩。現在，讓我們開始行動吧。

打破循環：代際再教育——內在小孩的肯定練習

代際親子關係再教育是你如何為自己提供在孩提時代沒有得到的東西。這是你如何幫助安撫內在小孩，並實現和你的創傷和解的方式，自從情緒停滯以來，一直存在的傷口。透過許多方法可以幫助你修復不安全的依附關係，發展出更健康的人際關係。

最值得注意的是，我們要先反思你小時候需要，但沒有得到的東西，然後開始為自己提供這些所需的再教育時刻。它們不需要按順序排列。只需按照內在小孩的需要去做就可以了：

❖ 背誦你希望在孩提時代聽到的肯定句，比如「你是如此可愛，值得被愛」。

❖ 在你需要時，給自己一個愛的擁抱。

❖ 每天為自己送上鼓勵和愛的禮物，比如給自己泡一杯你最喜歡的熱茶，或者替自己添購舒緩身心的蠟燭。

❖ 用溫和舒緩的語氣對自己說話。

❖ 重塑童年記憶，比如看一部你當年喜歡的電影。

❖ 重溫遊戲，尤其是你童年時錯過的活動。比如在公園裡玩盪鞦韆。

❖ 打通電話給小時候為你帶來安全感的人，或現在為你帶來安全感的人。

❖ 讓自己有機會像個孩子似地放聲大笑。

❖ 任何你特別需要，專屬你的童年所持有的獨特物品。

由於這裡的治療方式是透過層層世代的影響，因此再教育也必須是橫跨代際。這意味著這項工作也可以看起來像是自己在幫助長輩和祖先，與他們過去內在小孩的創傷和解。如果有人還活著，而你願意和他們一起做這項工作，那麼就可以邀請他們和你一起練習。如果他們已經不在世，可以寫信給他們，代表他們打破這個循環。如果你需要另一種更具體的方法，我可以幫助你，請繼續閱讀。

找一張你小時候的照片，最好是在你經歷情緒停滯的年齡階段。

❖ 觀察照片六十秒鐘，仔細觀察所有細節。

❖ 深呼吸，因為你的呼吸很可能因此變淺。

❖ 記住，你是安全的、你在這裡、你是成年人，你已經準備好給這位孩子他過去沒有得到的東西。

❖ 如果有幫助，請大聲說出這些話：「我很安全，我身處當下。我是成年人，我有能力並準備好給予我的內在小孩他們所需要的東西。」

❖ 回想一下當時的掙扎。

❖ 現在，寫下你的內在小孩掙扎的方式。

❖ 看著這幅畫，背誦這句心咒：「我可愛的內在小孩，我將你從前輩人的痛苦中釋放出來，我也將你從這一代人的痛苦中釋放出來。」

❖ 為了增加層次，請反思你的內在小孩在哪些方面，跟你希望你的父母、祖父母、兄弟姐妹，或者更遙遠的祖先的內在小孩也能獲得治癒的相似之處。

❖ 為了進一步深化這項工作，看看你是否能找到你也希望治癒的在世或過去祖先的照片。你也希望他們能參與內在小孩的肯定練習，並複誦以下內容：「我親愛的祖先，我知道你的痛苦，也知道你的內在小孩受到了傷害。我謹代表你釋放那道傷口，為我們連結起童心未泯的喜悅。」

❖ 多做幾次深呼吸。

這是一個非常考驗心理和精神的練習，但我想邀請你思考一下你的身體對這些話語的反應。暫停並思考這些解放性的肯定句，對你或你的祖先造成什麼影響。

目前所學到的知識

在本章中，我們探討了內在小孩的創傷如何代代相傳，以及創傷與依附類型之間的關係。我們透過一些代際內在小孩的創傷、代際逆境經驗問卷，以及代際再教養練習來引導你。這些概念就像現實生活中的概念一樣，相互交織在一起，但其中也有區別。

因為你知道得越多，就能打破越多的循環。一旦你準備好進行更深入的反思問題，在完成這些問題之後，深呼吸幾下，然後進入下一章，在下一章中，我們將探討虐待的循環。

自我反思

1. 你如何了解到你的家族中存在層疊交織的童年逆境？
2. 你是否能從家族中發現哪些代際內在小孩模式？
3. 你如何進行代際再教養的練習？

Chapter

8 代際虐待循環

我們之中有太多人堅持愛的觀念，使虐待成為可以被接受，或者至少讓人覺得無論發生了什麼事都沒那麼糟糕。

——貝爾．胡克斯（bell hooks）

受過毒性關係虐待的倖存者往往對他人的心理非常敏感。這可能是因爲他們在童年環境中爲了生存，必須學會觀察成年人情緒的細微變化。在施虐或自戀父母的家庭中，突然爆發的憤怒可能會造成暴力後果。當一個情感脆弱的人（比如孩子）受到虐待，便會因此學會繼續重複痛苦的循環。如果不接受挑戰，他們在嬰幼兒時期接觸到的關係模式可能會成爲在日後生活中的循環模式。其中一些互動關係可能具有毒性特質，因此讓人陷入反覆受虐的境地。讓我們繼續了解代際虐待的一些常見特質，以及它們留給幾代人的心理陰影。

重複循環的創傷

當我們只知道混亂時，混亂就會讓人覺得熟悉。不幸的是，對於許多遭受創傷的人來說，他們會不自覺地重複同樣的不健康行爲，而且可能很難學會如何擺脫重複的經驗，這就是所謂**強迫性重複**（repetition compulsion）。當一個人一次又一次地重複某種行爲，一次又一次地重演舊模式——即使意識到這些行爲模式是有害的。強迫性重複表現在所有類型的人際關係中：工作、戀愛、友情等。它滲透到整個生活當中。

這種衝動會不斷循環重複，因爲每一段失敗的關係都會證實你深信不疑的負面信念（例如，人們不值得信賴、不可能有健康的人際關係等等）。當你對自己、他人和世界形成這類堅定的信念，行爲就會重複表現出這些內化的信念。我經常在試圖擺脫創傷的個案中看到這種情況。即使過去帶給他們的是深深的傷害，但他們爲了與過去重新建立連繫，會無意識地重演過去的創傷經驗，例如，當伴侶虐待他們時，他們可能會合理化伴侶的行爲，並繼續維持毒性關係。他們受到伴侶的「挾持」，在相同的關係模式中成長。其中一種就是相互依存的關係模式。

在相互依存的關係模式中，一個人總是需要另一個人的存在來幫助自己舒緩情緒，即使這種需要是無意識的。相互依存關係的人在這種循環中，相互扶持、依存，互相吸收對方的感受，覺得有責任解決對方的問題，並在情感上與對方錙銖必較。這聽起來是不是很熟悉？在相互依存關係中長大的兒童，長大成人後也會採同樣的關係特質，造成相互依存關係的世代循環，並可能摧毀幾個家庭成員自我安慰的能力，還會成爲滋生其他不健康的關係和虐待模式的溫床。儘管這些循環會產生負面影響，但由於它們讓人感覺熟悉，所以會讓人選擇重回循環，因爲它們讓人有家的感覺。

然而，做爲循環的打破者，你不想再被困在這些模式中。相反的，你希望過去的創傷能夠癒合，因爲你不想要重複那些有害的循環並想掙脫它們。好消息是，有了正確的知識和策略，你就可以不再重演過去，不再對你當前的關係產生不良的影響。你可以學習新的策略來打破這些代際虐待循環。

反覆發生的虐待

通常情況下，以權力、操縱、依賴或其他有毒習慣爲開端的人際關係都會以相互依存關係或其他毒性關係結束。它們遵循虐待循環，也被稱爲暴力循環，它描述了一種用來獲得或維持對另一方的權力和控制的行爲模式。這種行爲模式的典型特徵是權力失衡，一般來說，會是一個人使用虐待行爲來控制另一個人，在最嚴重的情況下，這些行爲會令人恐懼，導致威脅生命，甚至致命的暴力行爲。

經歷過這種虐待循環的兒童在其成年後的親密關係中，更有可能持續同樣的循環，因爲這已經成爲他們的行爲模式，並在成年後的生活中重演。但是，有意識地了解這些模式可以發揮緩衝作用，避免重蹈覆轍。爲了避免暴力、功能失調和虐待的關係，我們需要識別循環的關鍵階段。虐待的四個階段是：

❖ **張力建立階段**：毒性關係的施暴者開始表現出沮喪，並在關係中製造緊張氣氛。毒性關係的接受者很可能會試圖安撫對方，以避免發生衝突。

❖ **事件階段**：緊張局勢爆發的階段，控制行爲占據了中心位置。通常情況下包括威脅、羞辱、煤氣燈效應（操縱他人使其懷疑自己的理智或對事件的描述）以及孤立。

❖ **和解階段**：這一階段也被稱為「蜜月」階段，施暴者在這一階段試圖重新與受虐者建立連結，他很可能表現出悔意，以愛之名轟炸對方（又稱為「愛的炸彈」，用過火不真誠的舉動和愛的承諾），並承諾不再繼續不良行為。其最終目標通常是為了重新贏得對方的信任。很多時候，這種問責並沒有發生，相反的，他們會向受害者施壓，讓受害者向他們道歉，並認為虐待是他們的錯。

❖ **冷靜階段**：這是事件進入平靜的階段，但最終會再次陷入緊張狀態。在這個階段，你會感覺到一種虛假的平靜，以及準備經歷另一個緊張階段。

這些創傷的起伏會反其道而行，讓人以為與人之間的關係變得牢固，這也被稱為**創傷連結**，而這也是處在這些關係中的人使彼此感到不適的原因。要擺脫這種循環，需要做大量艱巨的工作。然而解放的核心在於你如何創造一個具有平衡的新身分，而不是以混亂和毒性虐待關係為核心。

毒性虐待關係

為了更了解虐待他人的行為，我們必須深入研究造成這種行為的人格特徵。認識毒性關係特質對於打破惡性循環非常重要，因為與一位具有害特質的人保持親密的家庭、友好或戀愛關係，可能會造成創傷，並產生幾代人的痛苦。這種經驗會成為你的創傷反應中心，會抑制你成為眞實的自己，最糟糕的情況是，你可能會吸收這些創傷行為，並在不知不覺中傳給你周圍的人和下一代。因此，識別這些毒性關係其實是一種打破循環的工具，因為它能教你識別虐待性的人格特徵，這些性格特徵會造成深層次的代際創傷。

有些具有毒性關係的人是帶有惡意的，即使他們渴望建立更健康的互動關係，卻缺乏能力與工具。無論毒性關係是蓄意的、有意識還是無意識，讓被針對的人感到恐懼，都是不可原諒的一件事。有毒性關係傾向的人可能知道如何解除你的武裝，他們可以把你的弱點化為武器，並利用它們來控制你。他們會壓榨你，來迎合自己的需要。

我曾經有一位個案名叫所羅門，當他的男友知道自己為所羅門帶來痛苦，會露出欣慰的笑容。個案養的貓毀了他們家的家具後，他的伴侶會把貓關在屋外幾個星期，然後質問我的個案：「你打算怎麼辦？」他站在所羅門面前恐嚇他，並利用權力壓制他，大喊道：

「你什麼也做不了。在我把你和你那隻骯髒的貓一起扔出去之前，你自己看著辦。」結果，所羅門嚇得縮成一團。他受到控制，成了伴侶毒性關係的受害者。隨著時間過去，他的伴侶變得越來越暴力，虐待行爲不斷升級。他經常將公寓的門上鎖，讓所羅門在外面過夜。那些夜晚，他的伴侶安然入睡，所羅門只能在門外哭著入睡。他的伴侶對所羅門的感受或安全毫無同情、關心或悔恨之意。這是一種蓄意的病理毒性關係，對他人造成嚴重的傷害，雖然不是不可能治癒這些破壞性影響，但也很難。我的當事人花了很長時間才從這種關係的影響中恢復，甚至花了更長的時間才注意到，這些毒性關係與他成長過程中所看到的關係間的鮮明相似之處。他看到兩代人之間的毒性關係，是我們需要進行損害控制的一部分。這一切都源於我的當事人有意識地理解毒性關係虐待的循環，以及他在成長過程中陷入循環的方式。

與毒性關係緊密的人可以宛如龍捲風一樣，撕裂你的生活。如果你曾經有過這樣的經歷，就會明白我的意思。它造成的傷害痛徹心扉，深到你覺得自己永遠無法復原。我要告訴你的是，透過努力和我提供的工具，你可以從中復原。如果你覺得這是一項艱巨的任務，這是可以理解的。根據我的專業經驗，我發現抵禦有害行爲的最佳武器就是建立知識。當我的個案發現自己有能力識別一些有害的行爲，並爲此挺身而出時，他們感覺自

- 不承擔任何責任或問責，反而習慣於指責他人。
- 情感操縱他人，以扭曲現實來操縱所發生的事情。
- 不斷評判他人，並認爲自己對他人的行爲已做出公正的判斷。
- 有意識地製造混亂。

了解這份清單並反思，讓自己擁有健康的情感防線。這是你保護自己和你的血脈免受毒性關係的不健康影響。如何開始打破這些循環？透過**了解它們如何表現和延續**。如果覺得：「哇，這聽起來就像我！」我很高興你的覺悟正不斷提高，並願意努力終結你一生的毒性關係。這並不是要讓你感到羞愧，而是要增加你的知識，因爲你也可能在他人身上複製傷害。這也不是縱容任何有害行爲，因爲你有責任改變它們。你必須有意識地選擇擺脫你所堅持的破壞性模式。承諾改變是必要的。這不僅是爲了自己，也是爲了那些需要你不再傷害他們的人。

反覆發生的虐待

我的個案諾拉一直生活在痛苦中。她一生都背負著這種痛苦。她從來沒有安全感、融入感或感到快樂，因爲她來自一個毒性關係肆虐的家庭。在她童年的大部分時間裡，都和父母住在美國南部的一幢房子裡。但她有時覺得自己根本沒有父母。她是五名手足中的長女，得負責照顧年幼的四個弟妹。而她的父母都是癮君子，其中一方酗酒，另一方沉迷於賭博。父母會把錢花在各自的嗜好上，當家裡沒有足夠的錢來滿足他們的基本需求時，就會大發雷霆。她的父母會怒氣沖沖地用暴力攻擊對方和自己的孩子，以發洩他們對錢的渴望。

諾拉的父母出身吸毒和暴力家庭。他們在關係中的行爲反映了他們在自己的童年家庭中所目睹的一切。因此，這些都成爲諾拉和她的弟妹仿效的行爲。小時候，諾拉會試著解決他們之間的爭吵，但她發現無論怎麼努力都幫不了他們，這讓她感到很挫敗。最後，她停止了嘗試，但也無法停止傷害。諾拉在經歷了毒性關係虐待後，產生了深刻而複雜的代際創傷。

當我們開始進行諮商時，諾拉表示，當她適應做爲一名社會工作者時，遇到了很多困難，她稱主管是個「笨蛋」，認爲主管爲她製造許多不必要的工作。抱怨上司如何讓她的工作「難上加難」、不得不花費時間和精力去糾正上司的錯誤，這當然是兩個令人沮喪的問題。但讓我更感興趣的是，爲什麼她與上司的這些經驗會讓諾拉陷入憂鬱。而爲什麼在憂鬱中，她會變得暴躁、不耐煩，甚至在工作中對人冷酷無情。

「這種感覺比妳描述的更深刻，諾拉，」我對她說。「妳在這裡解決人們的問題，而事實上他們應該能夠自己解決，這情況就像妳小時候覺得自己必須解決父母的問題一樣。」有一對無法解決自己問題的父母是她的童年挫折，而現在，她的上司也無法解決他們的問題，這讓她感到非常沮喪。我的目的是向她展示她的代際觸發因素如何浮上檯面，幫助她理解爲什麼她的代際神經系統會在日常生活中進入戰鬥模式。如果她保持憤怒，就不必面對當任何人讓她失望時，那份更深的悲傷。她也不必面對因父母無法打破惡性循環而產生的悲痛，她的憤怒正是出自對深度絕望的防禦。

在對他人殘忍的時候，她感到深深的羞愧。她憎恨當別人讓她失望時，她如何被激怒的自己。這讓她感到痛苦，但不知道原因，也不知道如何解決。解決方法是幫助她處理所承受的毒性關係壓力，並學習如何更妥善地應對壓力誘因，這樣就不會讓自己的痛苦延續下去。

在心理學中，我們有一套方法可以幫助人們提高管理情緒困擾的能力。如果你有過壓力史和創傷史，對壓力的耐受力很可能很低。也就是說，任何輕微的壓力都可能壓垮你，讓你重新回到有害的循環中。學習如何更妥善地承受壓力，可以幫助你在生活中減少情緒上的壓力，並以一種感覺更健康、更有效的方式管理情緒，而不是造成破壞性、痛苦和毒性關係。我開發了一種名爲「ＳＴＩＬＬ」的練習，旨在提高壓力承受力，我和個案會用它來處理過去和現在的壓力，讓我們來更加了解這項技能。

打破循環：提高你的壓力耐受力——靜止（STILL）技巧練習

提高對情緒的關注，就有更多能力去感受你的情緒，並克制住立即採取行動的衝動，那麼你將會獲得一種新的高效技能，更好地管理自己的情緒。這是強大的打破循環行為。重要的是，我希望你能在情緒不那麼激動的時候練習這項技能。如此一來，你就能在比較平靜的狀態下掌握這項技能，當面對高度緊張的情況時，把它變成一種默認的技能。

我把這項練習稱為靜止（STILL）技巧，即禁止號誌（Stop）、冷卻（Temperature）、深呼吸（Inhale）、躺下（Lay）、重新啓動（Launch）的縮寫。這項技能可以讓你迅速將身體冷卻下來以及調整思緒，這樣就不會對即將浮現的爆炸性情緒採取行動。你越能健康地控制自己，就越能學習如何向他人表達你的情緒。以下是採行的步驟：

❖ **禁止號誌**：在心中想像一個停止的標誌。這會提醒你不要輕舉妄動，以免危及身心或人際關係。這麼做能幫助你盡可能完全脫離這種狀況。

❖ **冷卻**：將冰袋握在手中、用冷水潑臉、到室外感受冷風拂面或將身體浸泡在冷水中。低溫有助於體內製造腦內啡，這是一種幫助你的神經系統減輕壓力的荷爾蒙，讓身體冷卻情緒的方式。

❖ **深呼吸**：繼續調整你的神經系統，以重新建立身體的平靜感。吸氣五秒鐘，吐氣七秒鐘，至少五分鐘，因為你的神經系統至少需要一點時間來產生副交感神經反應，進而幫讓你感覺更平靜。

❖ **躺下**：暫停並躺下休息幾分鐘以整理你的思緒。如果可以，我建議你坐著輕輕晃動身體，以增強腹側迷走神經的放鬆反應。

❖ **重新啓動**：你的下一步行動應該來自一個更受到調節的狀態，現在你可以自由地繼續處理眼前的狀況，因為你不會在情緒高漲的狀態下行動，而是在更平靜的狀態下。現在，你可以帶著更穩定的神經系統回到對話中。

根據你的需要，盡可能重複這一系列動作。重複得越多次，情緒調節能力就越強。你的調節能力越強，行為就越能引起自豪而不是讓你感到羞愧；你越遵循這種模式，就越可以破壞之前在你的身心中已經成形的其他模式；你越能打破舊有的模式，就越能養成一種平靜而非以混亂為中心的性格。

目前所學到的知識

在本章中，你了解了代際創傷的循環虐待方式。在這些循環中，我們某些人格特徵可能會帶來毒性關係，並為你和家人造成深深的創傷。知識有助於你行使更多的權力，讓你了解了這些特徵和週期。你還學到了一種能幫助你度過毒性關係的重要機制：「靜止」技巧。這一章可能會勾起你一些沉重的回憶，但我也希望它也是個代際治療工具箱。如果你希望獲得更多工具，請繼續閱讀下面的反思問題。在下一章中，我們將介紹集體創傷如何進入你的家庭、影響你和家人。

自我反思

1. 了解你可能以何種方式參與代際的虐待循環？
2. 透過閱讀毒性關係清單，你想到了什麼？
3. 你對每天練習「靜止」技巧，以提高壓力耐受力有何感想？

Chapter

9 當集體創傷進入你的家庭

我們既要談論解放思想，也要解放社會。

——安琪拉．戴維斯（Angela Davis）

要理解代際創傷癒合，我們不僅要仔細研究你的家庭動態關係，還要深入探討將代際創傷帶入家庭的外部因素。首先。我們每個人都與他人、機構以及更廣闊的世界有所連繫。每一種關係都會對我們的生活產生一定的影響。因此，在研究代際創傷時，關鍵是要放大視野，看到其他導致循環持續下去的因素是哪些。

我們都不是生活在孤立的環境中，而是生活在一個具有不同動態關係的完整生態系統中。家庭受到特定文化價值觀的影響，也是這個生態系統的一部分，那些價值觀使創傷循環得以持續。在同一個生態系統中，機構和系統的權力結構傾向滋生有害的規範和做法，進而使創傷永久化。廣闊的世界超越了個人所創造的文化或機構的控制，也可能透過創傷，使家庭喪失能力。這些文化、系統和自然世界所帶來的影響都是造成代際創傷的罪魁禍首。如果我們要從根本上打破循環，就必須盤點一下集體創傷。

集體創傷

集體創傷是指一群人遭遇極端逆境的經驗，會形成一種對社會精神造成嚴重傷害的集體記憶。它是有害的文化價值觀後果（例如，認爲兒童應該被看見而不是被傾聽；認爲人們可以度過憂鬱等）、對某一族群的體制壓迫（如經濟、種族、性別歧視、異性戀主義等），或是自然災害（如地震、颶風、大規模流行病等）。在集體層面上所造成的情感傷害會產生心理反應，其中有許多反應反映出個人和家庭層面發生的症狀。研究發現，集體創傷可導致直接或終身的心理健康問題，如憂鬱症、焦慮症和創傷後壓力症候群。創傷患者的後代會吸收代際傳遞的創傷反應，這意味著他們會承受最初遭受創傷者所遭受的創傷衝擊。

透過多方面的研究，我們看到非洲奴隸制和種族種姓制度、慘遭大屠殺和土地剝奪的原住民後裔、恐怖殖民和種族滅絕的少數民族後裔；戰爭和複雜文化背景下的中東後裔，遭到切割與排斥的南亞與東亞難民，而被剝奪公民權的後代；大屠殺倖存者後代，以及其他族群，他們的血脈中都存在著二次創傷。世界各地的自然災害後代中也發現了同樣的心理影響。其中一些更大規模的災害對心靈造成破壞，成為代際創傷網路的一部分。集體創傷和個人創傷之間層疊交錯，許多家庭中發生的事件都可以找到外部根源。而更大規模的問題會滲入家庭的夾縫中，造成幾代人無法解決的創傷。

在閱讀過程中，你可能已經考慮到一些外部影響因素，這些是代際創傷如何在家庭中持續存在的原因，這一點很重要。此刻，倘若你對這些外部因素產生好奇心，可能會發現，思考外部因素的巨大影響甚至會讓你覺得自己無力改變它們，會覺得對你的靈魂造成的創傷不會在你這一代終止，可能會在未來幾代人中結束。但事實並非如此。像你這樣的循環打破者，每天都在改變家庭、社區和社會之間的互動關係。你創造的轉變無論多微小，都能影響未來許多代人。所以，當你讀到代際網路中另一個片段事件時，請穩住你的心。要知道你也可以為這項外部因素做點什麼。如果有幫助，請在此暫停，做幾次深呼吸。每深呼吸一次，就在心中默念：「我能創造改變，我創造的改變很重要。」最後深吸一口氣，再重新開始。正如你已經知道的，我們無法改變看不到的東西，因此，關鍵是要更全面地了解集體創傷的每一個層面（包括文化、體制和自然創傷）如何在你和其他人身上造成代際創傷的影響。

你身邊發生了什麼？

還記得我和里昂對代際逆境經驗問卷所做的修訂嗎？當我們開始探討問卷中詢問「在你周圍發生了什麼？（社區或社會集體逆境）」的部分時，里昂和我發現，他的故事中包含了許多不同的集體創傷。在他的社區裡，身體虐待是正常的；他的祖先是奴隸制的受害者，後來又受到美國黑人的體制壓迫；他的家人因卡崔娜颶風不得不撤離家園。我發現所列的事件都被勾選起來。一個人擁有一顆頭腦、一具身體、一個靈魂和一部複雜的集體歷史。對里昂來說，這是他的代際歷史中無法割捨的一部分。在文化層面上，集體創傷也是他生活的一部分，因多代人的影響，使他的父母將身體暴力做爲養育子女的方式，這在其文化上是可以被接受的。集體創傷也會透過體制，以及祖先遭受離散、壓迫的歷史性創傷，在他的生活中出現。卡崔娜颶風造成的集體創傷，儘管使他在身體上倖免於難，但精神上和心靈上卻留下了創傷。

我們之中許多人都承受著代際創傷。像你這樣的循環打破者往往希望反思自己的集體創傷經驗，並了解這些創傷是如何與代際痛苦連繫在一起。爲了讓你開始思考，請回想我們在第七章中所談到「在你周圍發生了什麼？」這個部分。但這次，必須將集體創傷的三個層面考慮進來，以及每個層面對你的生活產生的影響，才能更廣泛地了解集體創傷的每個層面。

文化影響

我們的家庭處於文化價值觀的複雜網路之中。家庭和社區所發展出的價值觀毫無疑問地在我們身上展現出來。這些價值觀和習俗世代相襲，因此在我們的社區認同中根深柢固。例如，以體罰孩子做爲撫養孩子的做法。在世界各地許多文化中，體罰兒童被認爲是一種普遍可以接受的養育方式。在美國黑人社區有些人使用棍子來強行改變孩子的行爲。在拉丁文化中，還有一種常見的毆打工具 **la chancla**（即拖鞋），用以迫使孩子屈服的象徵。即使只是舉起拖鞋，而不是實際體罰，也足以讓拉美兒童明白，自己必須聽從父母的要求。有些拉丁文化還會使用樹枝等更痛苦的東西做爲懲戒工具。

各種文化都存在裩子、樹枝和拖鞋的不同版本。有些人使用皮帶，有些人則使用任何他們能找到、可以對身體造成疼痛的東西來控制孩子的行爲。在與這些家庭合作的經驗中，同時我自己也是拉丁裔黑人，我知道這些都是十分普遍的現象。對象也許不同，但影響是一樣的。這些都是象徵權力的工具，會對他人造成恐懼。暴露在這種恐懼中的兒童會順從照顧者的要求，以避免痛苦。儘管孩子的神經系統與此同時受到圍繞在恐懼和逃避恐懼的設定之中，但照顧者會因爲看到孩子的行爲有了改變，進而更加相信打孩子的策略確實奏效。因此，當孩子透過改變自己的行爲，有效暫時避免遭遇恐懼的狀態，但同時也承擔了長期下來，將藉由取悅他人的應對方式來避免經歷恐懼。不幸的是，許多遭受這種命運的孩子的神經系統將因此重新連接，使其凍結在預設的交感神經狀態下。也就是說，他們會產生一個過度活躍的威脅警報系統，使他們長期處於恐慌狀態，直至成年。

如果我們深入研究歷史，特別是世界各地殖民文化的創傷歷史，可以看到體罰成爲一種用來教唆人們屈服和恐懼的主要工具。在隨後的許多文化習俗中，體罰成爲一種灌輸和傳承的文化價值，並在家庭中一代又一代地複製，直到傳遞到你身上。這些習俗源於殖民統治，卻深刻地烙印在家庭歷史中，導致今天每天都在發生的代際創傷。當你描繪你的

「代際創傷樹」時，也可以在土壤處添加餵養根部（你根深柢固的信念）的文化規範和習俗。這些很可能是在你的代際創傷歷程中，最能反映的文化信仰。然而，此時我們可以適時暫停一下，考慮還有哪些文化信念在你們的社區中流傳，並滋養了這些根源。文化價值觀如何轉化為持久的情感創傷的例子還有很多，以下試舉出其他例子（這並不是一份詳盡的清單，只是為了幫助你了解你的文化價值觀）：

❖ 認為年長的孩子（通常是長女）應該照顧年幼的弟妹，也就是所謂的「家長化」。這會剝奪他們的童年，使內在小孩產生創傷和情感壓抑，然後被一代代複製相傳。

❖ 告訴年輕女孩遮蓋身體以避免男性注意，這可能會傳遞出身體被物化的多重訊息，然後將這些訊息做為附加的性別文化價值觀傳遞給他們的女兒。

❖ 認為孩子必須永遠善待長輩，即使是傷害他們的長輩。這可能會導致他們壓抑自己的情感，並教導孩子討好他人的傾向。

❖ 認為家務事不能傳出去，否則你就會破壞榮譽，這會導致一個人自我封閉或在感到壓力時不尋求幫助；相反的，反而有可能將其傳遞下去。

❖ 保護猥褻兒童的犯罪者，卻犧牲了他們所傷害的兒童的利益，這可能使受害者不敢說出自己被侵犯的事實，也會讓施暴者因不必擔負責任而繼續侵害兒童。

- ❖漂白皮膚的做法，使「深色皮膚不受歡迎」的系統化觀念持續，導致兒童吸收這些破壞靈魂，造成不良健康後果，以及傳遞自卑感的訊息代代相傳下去。
- ❖評論兒童的體重和外貌，以符合不良傳遞的社會標準，這將導致身體形象問題和飲食失調，進而影響後代仿效。
- ❖傳播「男孩不哭」的觀念，這可能會造成男孩和男人的情感過度壓抑。進而形成有害的男性主義世代傳遞。
- ❖其他。

由於這些主要的文化因素會讓人感覺再熟悉不過，因此很難從更廣的視角來審視和研究。因此，坐下來寫一份清單，列出你的文化如何影響了你的思維方式。在此基礎上，你可以找出積極的影響因素（例如，幫助你維持健康的身分認同感，幫助你認識維護家庭和社區和諧的價值）和可能造成傷害的影響。完成這一步後，開始考慮你用什麼方式來破壞集體影響。例如，如果你所處的文化中，對於透過身體暴力來懲罰孩子已習以爲常，你可以選擇不打自己的孩子，也可以選擇幫助其他家人（比如你的表兄妹或兄弟姊妹），從而打破這種惡性循環，找到溫和、不使用暴力的管教方法。這樣做可以安撫自己的代際神經系統，而不是讓你的孩子受到進一步的創傷。

透過幫助自己和幫助你容易接觸到的其他人，以這些方式打破循環會很有幫助，你將被賦予力量來面對這些文化問題的嚴重性。我發現對我很有幫助的一點是，我會設想自己正在處理這項問題並將其拆解。很多時候，我們會覺得問題太大，以至於超過我們能力所及。但是，當我們把問題想像成更容易接近、不會帶來過重負擔的時候，可以幫助我們減少對採取行動的猶豫。深呼吸幾次，你會對這些問題有更多的思考。之後，我們要探討體系制度的因素是造成集體創傷的驅動力。

體制的影響

與文化影響一樣，體制因素也可能隱藏在幾代人之中。通常，一套被視為標準或規範的習以為常制度被隱藏在其中。

你聽說過敗血性休克嗎？當感染開始擴散，它會導致全身器官衰竭。這是一種細菌引起的全身系統壞死症狀。不公正的體系同樣也會在文化上產生類似的全面影響，如果不加以治療，全身將會受到感染。壓迫制度的目的是傷害和破壞某些目標群的生活，同時抬高他們自身的地位並賦予特權。在全世界，我們有許多制度都是以這種方式蓄意造成壓迫和破壞，如暴政、奴役、囚禁、剝削、占領，對邊緣化群體造成長期的心理、身體和精神痛苦。我稱此爲**病態體制**，因爲它們受到了傷害的汙染。許多系統的建立都帶有明確傷害的目的，但在執行這類使命時，沒有讓人看出其背後的目的。這些體制造成並延續著集體創傷，並透過機構的權力和控制的機制，使整個群體和社區受到感染。

陷入這些病態體制的人，會產生難以克服的痛苦。我們在**創傷後奴隸症候群**（post-traumatic slave syndrome）中可以找到這類例子。這是幾世紀以來被視爲財產的奴隸制和制度化的種族主義，對非洲人及其後裔造成多世代壓迫的後果。這個詞是由喬伊·德格魯（Joy DeGruy）博士所提出，並提出了「如果受壓迫的人世代得不到治療，會發生什麼事？」這個問題。由於美國各地針對黑人的制度化種族主義從未停止過，因此創傷後奴隸症候群包括了：集體過度警惕、不信任、絕望和扭曲的自我等概念爲特徵的症狀持續存在。這種集體創傷透過幾代人不斷循環。

體制的規範和做法如何轉化爲情感創傷的其他例子如下（這並不是一份詳盡的清單，只是爲了幫助你對自己的過去產生好奇）：

❖ 以將黑人、原住民和有色人種青少年定罪爲起點，採取格外嚴厲懲戒措施的教育體系，並對刑事司法體系造成影響，導致家庭離散和造成多世代人經濟受到影響。

❖ 社會制度賦予某一群體比另一個群體享有特權，並把該群體的價值置於另一個群體之上，導致遭受貶抑的群體將缺乏價值感、歸屬感、感到自卑、「冒牌者」感、低自尊、集體自尊等其他代際創傷內化。

❖ 戰爭使家庭流離失所，得前往其他地方尋求避難和庇護，卻面臨另一套不同的制度性創傷，隨後使孩童吸收了父母因移民和成爲難民的創傷。

❖ 被迫同化於主流文化，因而喪失了當地的文化、語言和傳統。這將導致破壞社區的身分認同感和自我概念，以及整個民族的集體心靈。

❖ 金融機構使已經被邊緣化的族群世代貧困，破壞了能幫助他們建立社會流動性的工具，助長了多世代貧困的創傷。

❖ 關於人們應該選擇去愛誰或是自我認同方式的社會假設，是造成基於身分認同創傷的原因，成爲壓力型生物傳遞的媒介。

❖ 法律將父權體制強加於任何擁有子宮者的身體，帶給她們的身體巨大危害，並可能導致懷孕、產後憂鬱症或子宮相關併發症，甚至死亡。

❖ 詆毀各種宗教和精神信仰的專制信仰系統，占據主導地位，使不信奉主流信仰者成爲受害者，並因此遭受宗教信仰的創傷。

❖ 剝削黑人和其他有色人種身體的醫療保健系統，甚至假借科學的名義殺人，比如在一項有違道德的「塔斯基梅毒實驗」（Tuskegee Study of Untreated Syphilis）研究中，美國黑人男子被注射了梅毒病原體，卻得不到梅毒的相關教育或治療而導致死亡，這在文化上造成了多代人對醫療保健的不信任，進一步延續了美國黑人對於世代遭受醫療不平等對待的嚴重影響。

❖ 其他。

創傷後奴隸症候群的經驗也提供了一個例子，說明黑人個體如何透過代代相傳的韌性，繼續抗爭和堅持保存文化語言、歷史和價值觀的集體尊嚴，使黑人社區的集體尊嚴得以延續和發展，儘管其中存在多代人的壓迫和恐懼。黑人所處的病態社會對黑人的靈魂造成持續性的破壞，但其靈魂深處每天仍迸發出巨大的韌性和文化自豪感。我們同樣也可以在其他受到病態制度傷害的群體中，找到類似的多代共存的韌性表現。因此，在思考自己的經驗，尤其是像這樣的長期經歷時，你也能思考儘管遭受貶抑，自己如何倖存下來並茁壯成長，這麼做將會對你有所幫助。

體制規範和慣例需要時間來理解和解構。不過，現在可以做的一件事是，思考體制的不平等如何以令人感到壓力或創傷的方式湧入你的生活。你如何受到這些制度的影響？花點時間停頓片刻，反思一下它們如何讓你和家人長期遭受創傷。與反思文化價值觀一樣，可以考慮去做哪些事情來對抗這些壓迫你和他人制度的創傷方式，也會有所幫助。

我看到我的父母在移民人口中，遭受經濟剝削所受到的不公正待遇，他們選擇的抗爭方式之一，就是走進當地社區，在選舉中替拉美裔的候選人拉票。做爲工人階級移民，他們明白將聲音帶到選票上，就是保護我們的家庭免受移民法的不公平待遇。我的家庭曾遭受了長達十年的分離之苦。我決定利用我的整合創傷治療實踐，在沉重的集體危機浪潮中，爲我的社區提供聲浴靜心。二〇二〇年，我們的世界經歷了沉重的集體危機和集體悲傷。這項做法並不容易，但在我們的能力範圍內採取行動，是在社區中創造平等和療癒的必要部分。我們每個人都可以貢獻一己之力。

你可以透過哪些有利的方式來減少你所在社區的系統性創傷？我發現從小事做起會很有幫助，再逐步擴大規模。解決這些問題需要時間，但一個微小的行動就能發揮很大的作用。儘管拆除這些體制並不是那些受到體制傷害的人的唯一責任，但如果你曾是這些制度的受害者，你的努力也很重要，這可以爲你帶來一種力量，讓生活更美好，特別是考慮到你們如何不斷地被削弱力量。如果你有幸擁有改變體制的權力，就有更大的責任破壞它們、消除它們的影響，因爲你擁有這樣做的權力和途徑。如果你無法看出自己如何被這些制度和意識形態明確賦予特權或剝奪權利，那麼你的陌生感應該會促使你擴展意識，並轉變爲行動。那麼，你現在能做的事是什麼呢？一旦你進行了反思，並將其寫下來，請務必先呼吸一下，然後再深入探討那些同樣會傷害我們這一代人的自然力量。

自然災害影響

人們也可能因爲自然力量造成的創傷而變得脆弱。對一些人來說，隱藏的創傷可能會浮出水面，而對另一些人來說，則會在原有創傷的基礎上，再疊加新的創傷。例如，新冠肺炎大流行就導致全球憂鬱、焦慮、成癮和自殺的人數增加了百分之二十五。全球每一個世代、每一個家庭都深切感受到了廣泛的恐懼、失落和創傷。人們失去了工作、父母、子女、安全感等。這種長期的創傷衝擊是現代自然災害及其對整個家庭所造成的影響。

對任何人來說，從自然災害危機中恢復過來都是一個漫長的過程，通常需要十多年的時間才能得到明顯的解決。如果我們在此期間遭受損失，就更是如此，就像許多人在新冠肺炎大流行時的情況一樣。如果你的神經系統已經很脆弱，則需要更長的時間才能感到安心。這是典型的情況，也是預料之中的事。我們需要時間從劇烈的壓力中恢復過來。恢復是有可能辦到的，但需要耐心和集體努力。做爲這次大流行病的親身經歷者，可以反思一下你家族中的幾代人是如何直接受到這場集體危機和其他自然危機的影響。據說，年輕人尤其感受得到持續不斷的自然危機爲他們帶來的負擔。

美國衛生局局長維韋克·莫爾西（Vivek Murthy）博士在二〇二三年五月與歐普拉·溫弗蕾在加州大學洛杉磯分校的一次談話中指出，心理健康「絕對稱得上是一場當前的公共衛生危機」。此外，他在接受《紐約時報》採訪時指出，特別是對美國年輕人來說，自然災害帶來的災害壓力是導致他們心理健康下降的顯著原因之一，因爲這些持續不斷的災難讓他們對未來的看法有了負面的影響。這些持續發生的自然危機所造成的影響，令橫跨各世代的人都感到擔憂，因此，如果你也有這些擔憂，要知道這樣的感受是可以理解的，而且必須暫停一下，檢視自己和他人的情況。

如果你選擇在此暫停並寫下一些思考，請記得深呼吸，因爲這次疫情的影響才剛過去，可能仍會導致你呼吸急促。如果有幫助，不妨從以下幾個方面開始：在疫情最嚴重的時候，你感受到了什麼突出的情緒？你的身體如何承受疫情的重壓？在此期間發生了哪些關係破裂？一旦你進行了反思，在繼續閱讀之前深呼吸幾次，然後再繼續閱讀，了解這些自然創傷如何進入我們的家庭。

以下例子說明自然災害如何轉化爲情感創傷（這並不是一個詳盡的清單，只是一個幫助你反思這種外部因素影響的例子）：

- ❖ 卡崔娜颶風在紐奧良造成強大破壞、政府機構缺乏高效、及時的救援措施，導致整個家庭在水中浸泡了幾天，在惡劣的環境中涉水，留下死亡和排泄物，及其他有害後果的創傷印記將持續幾代人。
- ❖ 美國西部地區和毛伊島持續不斷的野火摧毀了房屋和企業，導致許多家庭流離失所，而且這將造成幾代人的損失和悲痛。
- ❖ 海地村莊因地震而遭到嚴重破壞，以及沒有迅速重建全國各地的基礎建設，導致許多家庭無家可歸，甚至經歷更深遠的貧困創傷將影響海地幾代人。
- ❖ 日本東北大地震和海嘯造成超過一萬五千人死亡，另有四十五萬人流離失所，並導致基礎設施癱瘓，對多代日本人及其後代留下了創傷記憶。

❖ 奈及利亞持續不斷的洪水災害，共影響一百五十萬人。導致社區居民流離失所、商業損失、家園損失和生命損失，這需要幾代人進行心理和災後重建。

瑪麗亞颶風摧毀了波多黎各、多明尼加和聖克羅伊島數百萬人的生活，使這些地方遭受重創。這些島嶼當時需要整個國際社會的救援，但對許多人來說，救援沒有及時到位，甚至根本沒有得到救援。我還記得我的波多黎各個案，因這場危機而感到無能爲力，流下了悲痛的淚水，她的一些家人仍居住在波多黎各。之後，她開始從事與氣候變化有關的工作，幫助企業增加氣候責任，以此感到自己有能力幫助她的社區與後代。另一個個案的家庭因一場發生於二〇二一年末的菲律賓颱風而被緊急疏散，新冠肺炎疫情仍對該地區產生影響。她決定發起一項籌資活動，以幫助當地社區的救災工作。在這兩個例子中，他們都希望能爲集體創傷而奮戰，不僅爲了自己，也是爲了社區未來的子孫後代。你對自然救濟工作的奉獻可能與他們不同。但是，如果你曾經歷過自然災害的危機、如果你覺得自己有幫助他人的動力，那麼就可以在其中找到一種社區凝聚力和治癒感。

如果感覺任務過於艱巨

請記住，任何一個微小改變，都會與其他人的努力相輔相成。最終，我們的共同努力會帶來實在的變化。如果你感覺自己被困住，請注意一些可能讓我們裹足不前的內在訊息：

- 認為集體創傷太大，我們無法解決。
- 認為祖先不會來幫助我們。
- 認為我們必須一次解決所有問題。
- 認為一旦集體創傷過去，它就不會再回來對我們的情感、精神、身體、文化或結構產生影響。
- 相信我們不會成為延續集體創傷的同謀（尤其是任何堅信毒性體制價值觀的人，即使他們本身就是受該制度壓迫的人）。
- 相信一個群體優於另一個群體。
- 相信權力和特權感會保證我們的安全。

❖ 認為代際創傷和集體創傷之間沒有相互關連。

❖ 認為本章的內容與你無關。它的確與你有關。這是我們的集體歷史，我們可以決定共同打破循環。

重新找回集體性根源

我的個案露娜，是一位來自墨西哥山區的原住民婦女。她的母語是原住民語言，而在當時，我習慣用英語進行治療。但在治療過程中，我開始以我們共同的西班牙語交談。我被邀請與她和她的孩子一起進行家庭康復治療，以幫助他們避免孩子被送去寄養家庭的情形發生。她涉嫌毆打孩子，雖然我們無法完全確認這一點，但確實需要採取行動來保護她的孩子，並幫助露娜擺脫這種行為。我的目標是成為她的橋梁，幫助她理解為什麼她的身體會陷入歷史、集體和代際神經系統創傷，使她的情緒容易一觸即發，而她的內在小孩因而吸收這種暴怒。我的額外任務是幫助她理解與集體創傷相關的累積層面：我們的文化如何將體罰兒童正常化，集體創傷如何反覆循環？集體創傷循環是不是她的祖先對她的期望？她的女兒如何感覺與自己的文化更加脫節，因為最能代表她的文化的人，也就是她的母親，沒有爲她營造一個安全、充滿愛的氛圍。讓她的家人與自己的根保持緊密連繫，對露娜來說非常重要。此外，扎實的種族和文化認同感對她的女兒來說非常重要，因爲這可以做爲集體創傷的緩衝。因此，我需要幫助露娜看到，她的行爲正產生相反的效果。她的行爲使孩子失去了根深柢固的身分認同感，以及與生命中最重要關係的連結，即她與母親露娜之間的關係。這便是我們要做的工作。

在我們共處的這段時間裡，必須找到很多事情的根源，但我們首先要解決的是露娜的代際神經系統問題。爲了在不使用體罰的情況下改變女兒的行爲，露娜必須感到足夠平靜，才能傳達她的指令。我們都必須先集中精力安頓好自己的身體，才能採取不同的行爲，進而產生更大的影響。

我們的治療工作第二部分主要是教育，其中包括露娜和我得以了解原住民和非洲裔原住民的集體創傷，與她做爲美國移民所遭受的創傷是如何與憤怒行爲產生牽連。這對她來說是一項很大的挑戰。由於她需要一些可以依靠的應對技巧，我們利用本書的「打破循環」實踐中學到的方法，來增強她的代際復原力。我和她做了大量的神經系統修復工作。我還給她泡了墨西哥熱巧克力飲品，這樣我們就可以在治療過程中，邊喝熱巧克力邊交流。我還給她一本印有她家鄉地圖的日記本，這樣她就能記住找回與祖先連結的使命。我們正在創造一個整體環境讓她的憤怒能夠安全地存在、被感受、被釋放。這麼做是爲了尊重文化中積極的部分，同時釋放情感中永久受到傷害的部分。

隨後，我和露娜找來她的孩子一塊接受治療。當露娜對她嘶吼，或者當她抓起拖鞋來煽動恐懼和要求尊重時，她能從孩子那裡聽到她爲孩子帶來的感受。在一次家庭治療中，她的孩子含著眼淚說：「我太害怕妳了。」我讓露娜看著孩子流淚的眼睛，告訴我這種痛苦是否熟悉。她說：「是的，她就是我。」那一刻，她在女兒身上看到了自己內在小孩的傷痛，也看到了自己的代際內在小孩。這是她第一次同時看到一長串的集體痛苦。過去，她的憤怒和被掩蓋的文化規範不允許她看到這種熟悉的痛苦。這足以讓她決定打破這種循環，並幫助家族中的其他人也這樣做。

打破循環：打破集體創傷——社區康復案例

正如我建議露娜和我從解決代際神經系統開始做起，我也建議你為自己做這件事，以此做為打破集體創傷的重要一步。這樣你就能釋放殘留在體內的集體痛苦。回到第六章的「打破循環」練習，如果可以的話，將這一練習融入日常生活中，幫助你的神經系統持續穩定下來。

當你準備好向社區康復邁出新的一步時，我建議你先把焦點放在當地的集體康復，然後再考慮如何擴大行動範圍到全球。

在處理像代際創傷這樣的個人問題時，很容易忘記我們都是更大整體的一部分。當我們能從更大的範圍來看待創傷時，將可以幫助我們以更人性化的方式看待彼此的經驗，促使我們為減少外部創傷因素，並為社會和集體和平做出貢獻。打破集體創傷的循環需要一起共同努力。這需要社區幫助那些被這些創傷系統剝奪了權利的人們採取行動。我們還需要進行宣傳，以打破那些使這些創傷形式根深柢固的價值觀和做法，對於那些覺得這是一項艱巨的任務，又不知道從何著手的人，你可以從實際行動開始。我發現，訂定一份關於如何打破循環的路線非常有幫助。讓我們來考慮需要採用的做法，以便你開始打破社區、社會或全球層面的循環，並將你的治療方法推廣到全世界。

這項工作也可以在社區中進行，看看你是否可以從下面列出的社區康復活動中，找到共同治療夥伴。在社區展開這項工作真的很重要。

社區康復的例子包括：

❖ 幫助你周圍和社區中的人們意識到自己如何使創傷持續存在。也許你可以在當地社區舉辦讀書會，介紹打破循環者的作品，或者在社區中心做志工，討論有害的文化習俗（文化影響）的替代方法、種族文化文盲（制度性影響），或者如何有效減少我們的碳足跡（自然影響）。

❖ 幫助培養孩子們更強大的身分認同感（如種族意識、身體意識等）。讓孩子們閱讀與文化認同相關的書籍，促進他們以健康的心態認同文化，同時支持他們採取與年齡相應的措施來實現平等。

- 分享當地組織希望幫助社區獲取資源的資訊，甚至幫助他們建立行銷材料或開展聯外活動的工作。
- 遊說相關法案立法，幫助保護生活在代際童年逆境經歷家庭中的孩童；或者你關注的議案是關於能幫助整個家庭建立更健康的家園，讓孩子和父母能夠展現從代際痛苦中解脫出來，使自己成為打破循環的人。
- 與其他有類似故事的人一起發起社區圈子，並從分享先祖的共同故事中感受到祖先的偉大。
- 支持或捐助那些已經在做有益社區工作的社會機構。
- 為社區成員提供眾所周知的有效工具，使他們能夠促進自身的解放，而不必仰賴他人；你可以從分享這本書開始，或是從揭示現代種族種姓制度、異性戀正常化，或是強調身體的正面性，而歧視身心障礙者的意識形態和做法的書籍，以及任何其他能夠擴展和解放思想的書籍或資源開始做起。

記住，你可以創造自己的正義，無論它是什麼樣子。

目前所學到的知識

在本章中，你探討了代際創傷具有的集體性根源，進一步了解了集體危機；嚴重的社會壓力如何對集體產生影響，以及這些訊息和做法讓創傷模式如何不斷滲入我們的家庭。然後，我們指導你透過可行的步驟來打破集體創傷的不同層面循環。你可能很難消化像在本章中學到的這些層次繁多的訊息。因此，我鼓勵你在進入下一章之前，暫停、反思、調整呼吸，並尊重你自己的集體創傷。在下一章中，我們將關注哀悼的議題。

自我反思

1. 在創傷中加進這一個維度的思考對你而言如何？你如何看待世代之痛？
2. 閱讀本章最困難的部分是什麼？你的身體在哪個部分出現不一樣的感覺？
3. 讀完本章後，讓你覺得最有啟發的地方是什麼？
4. 你最想在哪裡開展集體康復工作？

第 三 部

煉化你的遺產

Chapter

10 哀悼你的創傷血脈

允許自己放下過去，走出歷史。

——歐普拉．溫弗蕾（Oprah Winfrey）

現在你已經了解了造成代際創傷循環的各種內外因素。現在是你開始擺脫創傷的時候了。擺脫痛苦將有助於讓治療生根發芽。你不一定要拋棄與家人的關係，但如果需要的話，不排除這麼做。擺脫創傷的過程是可以被理解的。這是一個擺脫你對於家人，以及對於自我的身分認同，還有對周圍世界陳舊看法的時刻；這也是一個步入嶄新現實的時刻，在這個時刻，你能眞實地生活，看到事情的眞實面貌：**既有傷害，同時又能生存下去**。

要打破循環，就必須挖掘家庭的陰暗面，承認不同家庭成員的心理健康問題。這意味著要透過剷除汙垢來發現每個人吸收的痛苦，以及他們延續羞恥感的方式，並將這些羞恥感循環隱藏在家庭祕密的壁櫥裡。這需要如實陳述，打破舊有的過去。你需要對家庭成員回憶事件的方式與你的記憶大相逕庭感到釋懷。在你的記憶中，他們可能深陷憂鬱、忽視你的情感需求。然而，在他們的記憶之中，卻認爲自己陪伴你度過整個童年時期，並關注你的情感需求；而你則記得，當你成績不好時，祖父母曾多次打你，但在他們的記憶中，他們是心平氣和地和你交談如何增進你的學習技巧。

故事總會有衝突。身爲循環的打破者，你發現一些家庭成員會試圖改寫歷史，以逃避責任。他們可能會對你進行情感操縱，讓你質疑事件發生的方式。這不禁讓你對自己感到懷疑；他們也可能會避開你，因爲你揭露了家族的醜事，想讓你爲走出幾代人的創傷而感到內疚。因此，你很可能會在擺脫家族恥辱的過程中，再度被事件觸發，並受到創傷。

接受這些是一個痛苦的過程，有助於內心對可能出現的失望做好準備。沒錯，你將經歷更多的悲傷！你必須放棄幻想，幻想有一天那些曾經傷害過你的人會完全聽到你的聲音、某些家庭成員會改變他們的行爲。當打破循環的動作開始，事情就會大不相同。拒絕這種幻想會讓你的悲傷和羞愧變得更加複雜，接受這是幻想則會是一種解脫。是時候開始哀悼並選擇放手，邁向新的存在方式。如果你準備好了，我們將接著繼續。

代際忠誠

我們不善於面對不確定性，即使事情的另一面可能對我們更加有利。這解釋了爲什麼哀悼會如此艱難。當失去生命中的某人時，你就順勢被推入了一個未知的世界，你必須面對日子將如何發展的不確定性、若沒有他們的生活會如何……然而，代際治療需要你全心全意地踏入未知的世界，並拋開熟悉的事物。它要求我們搖動代際創傷樹，讓腐爛的樹葉飄落，並接受這些落葉以及它們所承載的創傷反應。然而，人類並不善於讓不健康的家族樹葉落下，並尋求進化或面對未知。在情感上，我們渴望熟悉的事物：熟悉的人、熟悉的模式、熟悉的行爲。即使這些事物可能會傷害自己，我們仍趨之若鶩且不斷陷入重複的模式中。這就是爲什麼許多人一直處於失衡的狀態。我們與家庭連結在一起，儘管這些連結會傷害自己，卻讓我們感到舒適，因爲它們是可預測的，讓我們免於面對不確定性。

在這種兩難的境地中，許多人認爲離開功能失調的家庭，不僅意味著拋棄他們，還意味著拋棄自己。這種不計後果，留在家庭的情感牽絆之中，我稱之爲**代際忠誠**。這是一種爲了與家人保持連繫的自我犧牲，爲的是與家人相守、保持現狀。這種忠誠感使我們難以撇開毒性關係和混亂的家庭環境。你所接受的社會教育就是要保持這個循環，而不是去破壞它，這便是所謂的代際忠誠。

爲了維繫家庭門面，許多循環打破者被教導要保持這種忠誠，這意味著你被預設爲要背負家族的祕密，維持功能失衡的家庭，並保持完整的循環。保守家庭祕密成爲了一種慣性行爲。有時，這種行爲根植於文化信仰，即「家醜不能外揚」的文化觀念，來自於重視隱私和避免羞恥。擔心家醜可能會爲家人帶來負面的影響，使他們蒙羞、招來別人的評判。南亞國家、烏爾都語和印度語也都有類似「人們會怎麼想？」的諺語。這裡隱而未說的是，你不能爲家人帶來難堪。那些想違背這一價値觀、公開討論家族事物的人很可能會被趕出家門。

雖然公開宣布你的遭遇可以暫時緩解壓力，但擺脫代際忠誠，並不是指向全世界公開家族恥辱，相反的，是要勇敢地與自己，甚至與家庭成員就這些祕密進行持續性的對話。這需要保持好奇心，並提出諸如「我們能談談祖母終生與憂鬱症爲伍的事？以及她因憂鬱造成的憤怒是如何對他人造成傷害？」的問題，目的在於將難以啓齒的事說出口，清除家庭一直以來蒙上的陰影。

將隱藏在事件背後的層面展現出來需要時間和努力。這些祕密需要發聲，而不是讓它們保持沉默。沉默很少是治癒血脈創傷的有效策略，因爲即使你能透過保持沉默來扼殺痛苦，它還是會悄然出現在後代。而且每跨一代的沉默，累積造成的影響就越大。如果你不治療這個「家族病情」，它只會繼續發酵和成熟，直到最終傳染給每一位成員。因此，越是揭開那些讓你的血脈染病的祕密，這種創傷對你家族的控制就越少。

在揭開幾代人的祕密和恥辱時，要始終保持謹愼的態度。這項工作非常複雜，不是一次簡單的對話就能完成，而是需要反覆進行混亂的對話，持續面對這些祕密，堅持打破循環的做法。在某些情況下，很難與同樣維持這種循環的家庭成員進行一場有意義的對話或達成和解，發生這種狀況時，你必須轉移努力的方向。首先保護好自己，即使感覺自己正遺棄他人，讓他繼續承受痛苦，你仍然必須面對拋棄這份代際忠誠所帶來的損失。

你對家庭祕密的反思可能會讓你意識到自己也爲保守祕密做出了貢獻。許多循環打破者發現自己也意識到了同樣的問題，所以可以肯定地說，在這道難題中，你並不孤單。循環打破者一開始也是循環保持者，這是非常普遍的現象：意識到自己可能對維持家庭的創傷循環做出了「貢獻」，最終讓你換位思考，哀悼循環維持者的身分。

殘酷的事實是，沉浸在你對代際痛苦做出貢獻而使你感到恥辱的同時，你並無法治癒自己的代際創傷。倘若你不知道這是代際創傷的症狀，就不會知道如何阻止它。你必須將自己的心態轉移到現在和未來，以便讓自己擺脫過去對你的束縛。所以，如果你沉湎於一切而感到羞愧，請守護好你的心，按當下的需要，調整呼吸並記住，**你並不是一個人在面對這個問題**。全球有許多循環打破者在打破循環時，也面臨著同樣的問題。現在能做的就是承認你對自己的代際忠誠有了新的認識，並開始打破你對恥辱的忠誠。

還記得你在第一章中撕毀的代際協議嗎？現在你可以回頭看看你建立的新契約，並再次承諾打破這種循環。拋開這一層循環需要全身心投入，因爲擺脫羞恥和祕密的工作會別具挑戰性。不過，我可以向你保證，你值得踏出與過去決裂的一步。

與羞恥感決裂

羞恥感是一種認爲自己很差勁、不完整或不夠好的想法。它是一種消極的自我評價，使人產生一種深沉痛苦的羞辱感和沮喪。羞恥感是我們在消除創傷時必須解決的核心情緒之一，在有創傷的患者中十分普遍。

爲了邁向代際高我，你必須跨過世代創傷所留下的羞恥感。當你與羞恥感分開時，就切斷了讓你陷入循環的主要情緒。與這些情緒分開意味著將爲帶來不適感，並有可能有全面性的生存危機。儘管發展出一個與你的血脈有著更健康關係的新身分，會讓你感到孤獨

和心碎，但是當你進行這種改變世界觀的工作時，就等同於抓住了重新找回自己的機會，

當一個人開始認爲自己有什麼地方出問題時，羞恥感就會出現。他們覺得自己有缺陷、不可愛、不足掛齒。這種信念在於你認爲自己做得太過、太渺小或是微不足道。羞恥感是一種全面性的負面自我評價，讓你感到既無能爲力又毫無價值。當一位孩子或成人渴望被看見、被關心，但卻遭到拒絕、蔑視、評判和羞辱時，就會產生羞恥感。如果不加以解決，羞恥感就會成爲終生的負擔。它會導致逃避、自我毀滅和魯莽的行爲，並破壞一個人適當調節情緒和產生情感反應的能力。

羞恥感同時也是一種容易傳遞給他人的情緒，兒童尤其是最容易受到影響的群體。在青春期之前，我們往往不具備抽象思維的能力，所以會傾向以黑或白、是與非、好與壞的二元對立方式看待事物。因此在毒性關係家庭中長大的孩子，沒有能力把家庭中的痛苦看成是成人的有害行爲或代際悲痛的症狀。這個概念對於孩子來說太過複雜、難以理解。相反的，他們會把這些問題內化爲自己的問題，並形成一種自我暗示：是他們造成了這些問題。他們是有過錯之人。

孩子認爲父母不可能是壞人是很正常的一件事，這主要是因爲孩子很難在尚未發育完全的心智融入父母可能傷害他們的想法，儘管父母仍愛著他們。同樣地，這個概念太過抽

象，使孩子無法直觀地理解。因此，孩子會認爲如果父母是好人，但發生了壞事，那麼唯一可能的壞人就是自己。他們會想：「我的父母是個好人，所以我一定是那位讓他們生氣的壞孩子。」這讓他們把所經歷的痛苦看成是自己的錯，並認爲這是應得的。結果對孩子來說，就是根深柢固的羞恥感。這種轉移作用會跨世代地從父母傳給孩子。

如果你的家人不承認或不爲他們的傷害行爲道歉，你就成了恥辱和悲傷的代際承擔者。然而，當你深入挖掘療癒過程時，會發現這種羞恥並不屬於你的。處理好這種感受之後，就能解決幾代人生活在你心中的羞恥感。

羞恥感向來是一個需要深入探討的沉重話題，所以當你坐下來思考這些問題時，請注意身體出現什麼反應？出現了哪些情緒？你會感到悲傷嗎？是否出現強烈的憤怒？你是否感到困惑、失落或缺乏條理？這些都是你面對羞愧時的自然反應。如果需要與個人羞恥經驗共處一分鐘，請在此暫停。讓身心跟上你所閱讀的內容，並慢慢地、有意識地對其進行處理，這一點很重要。如果有幫助的話，對自己說：「我將釋放內化的世代恥辱，並用同情和優雅取而代之。」當你準備好了，就可以重新開始學習。

治癒他人的痛苦

你正在透過治癒自己，來治癒家族中的重要部分。打破循環的決定將對你的家庭和社區產生連鎖反應，因爲當你接受更多的治癒，其他人也必須調整他們在你身邊的生活方式，這意味著他們也會感受到治癒的效果。你只需做爲一個癒合得更好的自我。然而，有些循環打破者也希望能夠幫助家庭和社區獲得痊癒的機會。

「治癒家人」和「有責任治癒他們」是兩件不同的事。如果覺得自己有責任這麼做，那可能是童年時期殘存的救世主幻想。擁有不成熟的父母，以及藥物成癮父母的孩子，會覺得自己有責任拯救父母。這是因爲在過去，這些孩子實際上不得不拯救他們。除了自己，你沒有責任治癒任何人，尤其是如果你覺得這樣做很危險，甚至感到很沉重。如果你的內心知道這些對話只會帶來更多的痛苦，請允許自己獨自前行。但是，如果你覺得你想讓家人接觸這些話題，那麼請閱讀前面的內容，了解一些引導這些困難對話的工具。

以代際創傷展開對話

每當布魯克林達到一個治療的里程碑時，她都想幫助家人，將所學應用到他們的創傷反應中。部分原因是基於布魯克林想要幫助他們的責任感，同時，她也希望自己的家能像她在治療中努力獲得的內心狀態一樣平靜，從外在反映出和平。「每當我回到家，我總感到非常挫敗。」當她試圖努力在家裡保持平靜但卻以失敗作收時，會在療程裡這樣說。在試圖採用幫助她改變的相同方法，以幫助家人改變現狀時，她總感到很挫折，因爲一直無法成功。在療程中反思她的挫敗感時，我們注意到她與家人的接觸方式有一種既有模式。

在開始談論世代創傷時，布魯克林通常會從家人傷害她的方式開始。當人們受到指責時，會本能地進行防禦，這也是一種生存反應。布魯克林的做法會讓有成效的對話和任何成功治癒的可能遭到遏止。當她把矛頭指向一位家庭成員時，這讓他們都同時深感羞愧。布魯克林需要家人敞開心胸和顯露脆弱，但相反的，他們的防衛卻升高了。一旦我們發現到這個問題，布魯克林和我確定了一個首要目標：我們需要在表達方式上下功夫，這樣就能更成功地讓她的訊息被聽到，尤其是被她的母親。

首先，我們需要確定布魯克林的母親願意與女兒進行療癒對話。布魯克林最想與母親進行這樣的對話，但是因為母親帶給她的創傷太大了，導致她不知道從何開始。於是我們決定讓布魯克林等到她們的代際身心容納之窗敞開，並接受邀請才開始，因為那時她們會感到更平靜、更安心。首先，她們會做一項有助於增加母女之間感情的活動。她們最喜歡一塊從事的活動是吃霜淇淋和看電視競賽節目，這是一個良好的起點。當她們的情緒安定下來後，布魯克林的第二項任務是為談話提供一個切入點，並進入對話。我們透過一些提醒來幫助布魯克林，這樣她就能溫和地對待母親（和她自己）。

這些提醒包括：

❖ 謹記住，這些對話將打破數十年，有時甚至是幾個世紀以來的無效溝通模式和互動方式。
❖ 謹記住，代際的神經系統將在雙方對話的過程中，在你們各自的身體中受到誘發。
❖ 謹記住，人們只有在自己治癒後，才能進行這些對話。
❖ 謹記住，這些對話只有在雙方情感上都能接受的情況下才能進行。
❖ 一旦對話超出了任何人的代際身心容納之窗，你會看到更多的創傷反應在對話中顯現出來。你可能會看到對方逐漸建立起心理防線，讓你感到自己的聲音被忽視和不受重視，這與你想要的結果恰恰相反。

❖ 如果對方沒有表現出相互進行治療和連結的意願，你必須放棄對話，甚至放棄進行對話的意願。

接下來，我們將使用我稱之爲**DRIVE**的技巧，它可以讓布魯克林坐上對話的駕駛座，讓對話更順利地進行，達到被傾聽的結果。DRIVE縮寫字分別代表：不指責他人（Don't point fingers）、傳遞簡短易懂的訊息（Relay a short and digestible message）、以情感啓動（Initiate with emotion）、想像你的代際神經系統（Visualize your intergenerational nervous system），以及付諸行動（Exercise action）。

❖ **不指責他人**：在大多數情況下，指責他人只會適得其反。當一個人受責備時，他們的心理防衛就會升高，會想爲自己辯護。這肯定會讓你感到自己不受到重視，並再次被激怒。因此，要留意不去責備他人。相反的，把注意力集中在我所說的**問題和解決辦法**（你想要解決的實際問題，以及它所引發的情緒）。

❖ **傳遞簡短易懂的訊息**：一旦我們覺得有足夠的勇氣開始一場艱難的對話，就會想趁機利用這股勇氣，一股腦地把所有事情告訴對方。但是，記得緩慢而穩中求勝。盡可能用簡短的文字把問題攤在桌上。在此停頓一下，讓對方消化你所說的話，然後再說出這道問題在你心中喚起的情感。這樣做的原因是因爲當我們進行困難的對話時，神經系統的反應會抑制大腦的認知功能。因此，訊息越簡短，被聽到和消化的機會就越大。

❖ **以情感啓動**：當你說出自己的感受時，談話就會更加以情感做爲基礎，會發現你更容易能擺脫指責。關注在情感層面，讓雙方都能更深刻地看待對方，且更深入地了解對方。

❖ **想像你的代際神經系統**：記住透過這次對話，兩個神經系統正在內化和反應。這兩個神經系統都與代際連繫在一起，有著悠久而多層次的歷史。當你看到情緒開始爆發時，請溫和地審視自己，注意任何暗示你可能處於戰或逃、凍結或是逃避的反應，如果是這樣，請考慮你的下一行動，調節、暫停或是繼續進行。調節或暫停將幫助你更好地穩定情緒，爲接下來的步驟做好準備。

❖ **付諸行動**：這次對話的目的是向前邁進，因此提出一個你倆今天可以採用的解決方案，以幫助你繼續進行下去。記住，方法必須簡短易懂，以便你們都能眞正做到。

有些人在起了頭之後會更進入狀況，所以有時我會透過角色扮演與個案建立對話。我們起頭的方式如下：

- 「我希望就一些對我來說非常重要的事情進行討論。你願意和我坐一會兒嗎？」
- 如果願意，「在我們開始之前，我知道我對困難對話的自動反應是發火，而我注意到你的反應是沉默。你認爲我們都能承諾彼此給予同情嗎？」（這能把責任放在你們兩個人身上，避免互相指責。）
- 如果願意，「我覺得我沒有得到需要的愛。」（可以簡短直接地傳達訊息，並使用「我」做爲陳述的主詞，而不是相互指責。）
- 然後停頓一下，說：「分享這些讓我有點焦慮，但是你對我剛才說的話感覺如何？」（可以整合以情感爲中心的語言和他們的經歷。）
- 如果事情開始變糟，你可以說：「我注意到我們都有點不安。能不能暫停一下，喘口氣後再繼續談話好嗎？」（表示關注代際神經系統，因爲你注意到了「戰鬥」「逃跑」「凍結」或「逃避」的暗示，並選擇用調整呼吸的方式，安定你們的代際神經系統，而不是繼續把它推向失速的狀態。）

- 如果你們都準備好了，就可以繼續進行，比如說：「我建議開始向對方說『我愛你』。」（這是一個簡短而具體的解決方式，你們可以從今天開始。）
- 「我們現在可以試試嗎？我先說，我愛你。」（這可以是啓動解決的方式，以打破僵局。）
- 帶著感情和感激之情，因爲他們願意與你進行對話。「謝謝你和我一起討論這個問題。我知道這並不容易。這次談話對我意義重大。」
- 注意自己是否有股衝動想替談話畫上一個完美的句號，並坐下來感受對話與你幻想的結果，或和你預想的結局不同所帶來的不適感。
- 記得在結束談話時深呼吸，並邀請對方也這樣做。如此一來，你們之間的代際神經系統就能重新建立起一種安全感和平靜感。
- 根據當下的情況，重複這些對話，中間可以適切休息，讓雙方都能消化談話內容。最重要的是要**降低期望值**。你可能不會收到「我愛你」的回應，或提出的任何解決方案，甚至無法轉達你的訊息。談話可能會中斷，整個計畫也可能泡湯。沒關係，不過還是要關注你對未達成決議的感受，因爲你的感受在這裡是有效的。同時，也要爲自己留出空間，替自己感到自豪，因爲你用心去面對困難的對話。

❖ 如果你選擇不進行這樣的對話也沒關係。不必強迫自己對話，因爲這可能無法解決想要打破的模式。相反的，你可以選擇遠離不健康的動態關係，爲自己和健康而努力。

對話治療無疑是一生中最困難的對話。每一次對話所產生的微觀解決方案，都是以建立健康而非痛苦的遺產這一大目標而努力。在進行這些對話的過程中，你可能無法完全消除所愛之人背負的痛苦或他們給你帶來的痛苦。對於那些遭受過深刻、複雜創傷的人來說，這是一個特別重要的提醒，因爲對他們來說，和解並不理想，也不可能。無論你選擇進行對話，還是覺得不值得嘗試，寫下對自己的情緒都是很好的做法。在這裡，拿起你的日記本，試著寫下你想與交談對象之間進行的對話。也許你還可以想像一下與其中一個人對話的開頭是什麼模樣。訂定一個計畫可以讓你邁出有力的一步，開始多年來一直躊躇不前的對話。

擺脫代際內疚感

請允許我以自己的家庭爲例，說明DRIVE對話如何進行。我的母親日以繼夜工作以養活我們，同時每個月還寄錢回多明尼加給她的母親和七個兄弟姊妹。她賺的錢要花在很多地方，儘管努力了三十多年，卻從未讓我們的生活超過貧窮線。她用從事美髮師一職的微薄收入做了很多事，但我們總能聽到她說，希望自己能做得更多。

多年來，姊姊、父親和我按照DRIVE模式與母親進行了對話，目的是幫助她內化另一種不同的敘事方式，讓她看到自己爲整個家庭所做的一切。我們的最終目標是幫助她從困頓、內疚過渡到自豪與平靜，同時也希望釋放我們家庭的罪惡感，因爲我們經常把這種負罪感帶給她。經過多年的對話，直到最近我才聽到她說，她爲自己能幫助家人而感到自豪，尤其是在她母親在世的最後日子裡。雖然有些人可能不會把這麼小的一句話看做是向前邁出的革命性一步，但對我們來說，聽到她說這些話是極具紀念意義的，因爲這是我們所能夠產生的微小影響。我無法改變母親的過去、改變所有的負罪感、改變貧窮、移民、家庭破裂、性別歧視、階級歧視和種族主義帶給她的痛苦，也無法改變我們家過去的負擔和傷害，但我們可以教會彼此以不同的方式，看待那些無法控制的環境。我們可以慶祝微小的勝利，也可以哀悼其他方面的勝利；我們可以釋放代際創傷樹的負擔，保留健康的部分。這樣，我們才能撼動自己的家族之樹，讓反映代際內疚的樹葉飄落。我在母親身上看到了平靜，也爲我帶來了平靜。除此以外，我的生活並不完全平靜，我必須化解自己的悲傷，因爲我不得不爲父母保留許多情感空間，而他們卻無法及時找到解決方法，讓我們其他人也能從中受益。但是對我來說，母親在晚年所獲得的平靜已經足夠了。這種安寧是跨世代的，也就是說，我們都體驗到了某種程度的舒適。這種寧靜取代了我們幾十年來背負的層層罪惡感。我希望你們也能做到這一點：在需要的時候使用DRIVE這項技巧，處理你們無法改變的悲傷。

你不必原諒傷害

寬恕不是打破創傷循環的必要條件。過去不是，將來也不會是。很多時候，個案會問我，是否有必要爲傷害過我們的人開脫罪責，以便治癒自己。我的回答很簡短，那就是「不必」，完全沒有必要。因爲有些人不值得你原諒，還有些時候，你並不想要，而且也沒有動機，甚至沒有能力原諒，這也沒關係。有些人蓄意造成傷害，或者選擇留在有害的循環中，依賴寬恕只會讓他們繼續為你的生活帶來痛苦。在這種情況下，寬恕不會帶來任何有助於你康復的解決方案，反而會為本已沉重的經歷，增加更多的情感負擔，讓你不得不去承受。在日常生活中，不必為任何人做出讓步。你甚至可以愛他們，但同時不寬恕他們的所作所為。例如，你的父母在情感上的不成熟，卻以內疚的方式表現。他們操縱你為之做事、犧牲你的利益，讓你為屈服於他們的手法而感到羞恥。你憎恨他們不斷觸發你的情緒，讓你回到努力想要打破的循環中。你可以決定在自己和父母之間建立健康的距離，而不原諒他們的操縱行為。你可以打破循環，也可以不原諒，兩者可以同時發生。也就是說，如果你選擇不原諒某人，你仍然是一個循環打破者。有些打破循環的人選擇了這條路，因為這能給他們帶來更大的平靜。你也可以這樣做。這是一種寶貴的療癒方法，很多時候也是唯一的出路。與其花費精力強迫自己為他人開脫罪責，不如打消原諒的念頭，讓自己為希望得到的和解而悲傷。

參加他們的葬禮

對於我的個案和我個人的生活，我總希望能推動產生治癒效果的改變和破壞，因為與人斷絕關係有時可能是必要的，但如果過度，就會延續深刻的孤獨感，對健康更加不利。進行艱難的對話，就像布魯克林與她母親進行的對話，或者像我與母親進行的對話，我們與所愛的人建立起更健康的連結，而不是把自己逼入有害的孤獨之中。這些對話可以產生微妙的變化、深遠的影響，而且通常是値得一試的方法。所以如果有機會，請朝著改變和解決的方向前進，但如果它的後果和危險性太大，或者根本不可能解決，就必須採取不同的方法。這種方法更加內在：**需要哀悼**。事實上，對於你所擁有的許多關係來說，你都無法改變現狀。對於許多受過創傷的人來說，這是難以接受的事實。打破循環的人都有一個共同的願望，那就是回到過去、改變現狀，但他們總是深感沮喪，因爲發現改變並沒有發生。在無法改變他人的時候，應該把改變自己做爲目標。如果你發現這太困難了，那麼，你很有可能陷入了否認的悲傷階段。當你不得不放棄某個人或放棄你對他的想法時，等待你的是不可避免的失落。循環打破者往往不得不離開，沒有道歉、沒有愛，也不承認他們是傳遞痛苦的家人。你必須承受由此帶來的憤怒、悲傷、否認、混亂和沮喪，才能完全接受這一點。造成痛苦的人可能在去世時也不會爲他們的有害行爲道歉。做爲循環的打破者，你必須坦率地問自己：「我將如何面對這一現實？」重要的是，你要決定自己是否願意放下那些有朝一日可以聽到他們悔過言論的期望，還是花上數年時間等待可能永遠不會

打破循環：放棄你希望擁有的家庭——「說再見」練習

要擺脫有害的現狀、實現代際傳承，就需要在哀悼中過渡。有時，最難割捨的是本可以實現的願望，希望自己出生時沒有受過創傷。你本可以得到家人不同的愛，一個在這一代人之前就處理好傷痛的家庭；你本可以出生在一個不強化情感傷害的社會，你本可以，但卻沒有。這讓人難以消化。做為從這種困頓和悲傷中過渡的一種方式，我想提供一種我稱之為「說再見」的練習。我們將起草一封給你的虛假家庭的告別信。

為了幫助你進入練習，請你到一個安全的地方寫作。準備好你的寫作材料，以及任何能給你帶來舒適感和踏實感的物品。屏住呼吸，如果感覺合適，閉眼深吸三口氣。第三次吸氣後，你就知道是時候開始放手了。

你已經準備好了，那就開始吧。

- 首先考慮這封信是寫給一個人還是多個人。
- 寫信時請寫上他們的姓名。
- 就從這句話開始，「我正在探索如何尊重自己。我正在轉變我的人生目標。那就是建立一個代代相傳的遺產。但在我放下一直以來的沉重負擔之前，我無法做到這一點。因此，我寫這封信是為了放下困擾我和你們的代際負擔。」

現在，你以何種方式放下了什麼：

- 說出你希望他們做什麼（例如，我希望你告訴我，你愛我）。
- 說出他們實際做了什麼（例如，你並沒有口頭表達愛，而這正是我所需要的）。
- 說出他們行為的代際關係（例如，也許是因為你從未有過用語言表達愛的可靠榜樣）。
- 說出你願意帶走的東西（例如，我會帶走我看到你試圖透過行動，向我表達愛的時刻，即使你永遠無法說出這些話）。
- 說出你要放棄的東西（例如：我要放棄這個根深柢固的願望，那就是聽到你說「我愛你，我的孩子」）。

❖說出你將用什麼來替代這種空虛（例如，我將每天對自己說這些話）。

❖請說出這樣做將如何培養遺產（例如，我的愛將對我的生活和下一代產生漣漪效應）。

❖現在，把這封信放在某個地方，當你需要提醒自己值得擁有的愛和已經完成的工作時，你可以重讀這封信。

❖花點時間靜下心來練習。

❖深呼吸，緊緊擁抱自己，從中過渡出來。

❖在接下來的日子裡，好好擁抱自己，慢慢來，這很不容易！

❖祝賀你完成了這項重要任務。

目前所學到的知識

在本章中，你探討了代際忠誠的概念。你能夠理解勇敢的對話，而不是繼續保守祕密和羞愧，才是對家庭和自己真正的奉獻。這段旅程的一部分需要邁出悲傷，因此你們學到了從曾經認為自己擁有的家庭（虛假家庭），過渡到現在知道自己擁有的家庭（真實家庭）的重要性。你們學會了如何在心靈、身體和精神上處理這種類型的損失，以及如何以同樣的方式紀念那些已不在我們身邊的人。就像你在生活中必須處理的任何損失和悲傷一樣，這種悲傷工作可能會讓讓你感到沉重，所以一定要讓自己適時休息一下；也許可以泡一些檸檬香茅茶，或者做一些跨世代的情緒釋放技巧來恢復平衡。釋放過去對這項工相當很重要，所以在進入下一章關於代際復原力的內容之前，先給自己一點時間釋放一下。

自我反思

1. 你如何反思自己的虛假家庭與真實家庭？
2. 你如何釋放治癒他們的痛苦所需？
3. 當你完成「打破循環」的告別練習時，你想到了什麼？
4. 一旦放下這些負擔，你對生活的願景是什麼？

Chapter 11 實現代際復原力

我的DNA裡有皇室基因。

——肯卓克・拉瑪（Kendrick Lamar）

要增強代際復原力，就必須推動自己朝成長的方向發展。代際復原力是指我們的後代所具有的持久力、癒合力和適應力，以及我們在有生之年如何繼承和發揚力量，進而在自己的世代中取得勝利。正如我們在〈你的代際高我〉一章所提到，這種復原力使你有能力利用個人和集體的力量，過更充實、更有存在感的生活。因爲你展現了跨世代的堅韌，所以它會反映出你將更具韌性。當了解到祖先的力量時，就會變得更加勇敢，你能捕捉到傳承下來的力量，並找到自己的內在復原力。

代際復原力不僅基於你的智慧和力量，也基於你的祖先。這是他們留給你的智慧，告訴你他們如何學會克服困難。這是一種跨越時間和維度的復原力，包含了他們世代爲生存所做的共同努力。這種遺傳不僅展現在我們透過這些章節所了解到的創傷反應或情感弱點上，還展現在儘管你的「代際創傷樹」反映了無數個重複出現的創傷反應，但你仍然能夠利用與生俱來的力量，幫助自己應付壓力，使你的生活不至於像一場永無休止的障礙賽。這甚至反映在你拿起這本書，努力提高你的代際容忍度、減少羞恥感、平衡你的身體，以及迄今爲止各式各樣不同的復原力建設練習。你在日常生活中做的其他事情也讓你成爲了代際創傷倖存者和循環破壞者。

你還可以從生物學的角度來理解代際復原力。與創傷有關的表觀遺傳變化並不全然都是悲劇。事實上，這些變化也能從生物學角度來說明我們是如何在父母和祖先經歷過的創傷中倖存。這是一種可傳遞的訊息，它能幫助我們做好準備，使我們在生物和社會兩方面都能應對類似的壓力。你每天都在使用這種與生俱來的能力，但你可能沒有足夠的時間注意到它。讓我們利用這一刻來做這件事，注意一下這種抗壓能力如何在日常生活中顯現出來。

在腦海中想像一下，你如何度過一個最近不得不克服的小困難。暫停一下。你想到了什麼？也許想到自己如何運用強大的解決問題能力，也許想到自己是如何從不同的角度看待問題，也許你開始把這項障礙當做一個學習的機會。無論是哪種情況、你的復原力是什麼，它都源於你和你與生俱來的能力。你已經做好了度過難關的準備。

世代相傳的復原力其美妙之處在於，你可以在此基礎上繼續發展。你可以幫助自己提升身心的復原力，增強已有的毅力。可以看看你的代際創傷樹，儘管這棵樹上擁有創傷反應，還是可以看見在你的血脈和社區中的堅韌。這可以是另一個停頓的時刻，想想儘管有層層疊疊的痛苦，你的血脈樹如何繼續成長。更具體地說，這可以是一個反思的時刻，儘管存在著痛苦，在你的血脈中，卻依舊提供了世代相傳的禮物。

就像你的祖先和家人所做的那樣，也許比你現在做的更無意識，但你卻有能力修復身體和大腦。他們很可能只能依靠直覺來修復生活中的壓力，而你可以透過整合策略來增強自己的力量，扭轉早期壓力帶來的傷害。持續進行治療和實踐，可以改變你的大腦，建立起新的神經連接，使其對你有利。例如，靜心已被證明能啓動大腦中涉及自我調節、解決問題、健康行為和內感知（讓你更能適應內部狀態的能力）的區域。你練習得越多，就越能展現出復原力。在繼續閱讀的過程中，請牢記自己不僅擁有豐富的代際復原力，還有能力繼續提升代際堅韌度。

代際增長與富足

創傷後成長是一個人在經歷創傷後的心理變化和忍耐過程。創傷後所獲得的成長有助於我們增進希望和信心的發展，這是可以透過努力，在經歷創傷壓力後的生活中得以實現。在過程中，人們既能承認已經發生的事情，就像你在「代際創傷癒合評估」承認多種創傷傳播的方式一樣，也能發展出著眼於未來的新生活意義。代際創傷後成長也是透過類似但更多層次的視角進行。這就是我們如何透過自身的力量和祖先的智慧，爲我們的生活帶來富足。代際創傷後成長幫助我們超越個體自我，看到一、他人如何爲我們的智慧做出貢獻，以及二、我們如何繼續將這種智慧灌輸給後代。

這種成長有七個方面的特點。每一個領域都是從代際創傷到代際富足歷程的一個部分。綜合起來，它們代表提高代際復原力。是的，代際復原力是可以不斷加強的，即使慢性壓力是你生活中的常態，比如當你擁有被邊緣化的身分時，你越能展現出抗逆力，生活中的困境就越不會動搖你。讓我們來看看創傷後代際成長的各個領域，以便你能更好地了解它們。在閱讀的過程中，考慮一下你可能已經在生活中採用了其中一些做法，或者你想在任何特定領域成長。

創造新力量

創傷後代際成長這一領域指的是你透過幫助你的代際神經系統，以更自在的做法來應對生活壓力的能力。我們已經了解到，神經系統是爲了從創傷中恢復而生，它們天生就具有復原的能力。但是，由於代際創傷會導致你的神經系統持續處於超負荷狀態，它會經歷磨損和撕裂，也就是我們在第三章中了解到的調適負荷。然而，你可以透過幫助你的代際神經系統，經歷更多休息和恢復，來增強你的代際復原能力。這意味著，當你創造機會、專注於放鬆時，就是在訓練自己變得更有韌性。擴大代際之間的容忍度，不僅對你個人有益、讓生活更加平靜，還有助於你爲下一代改變身體的生物學特性。還有一個額外的好處是，你的神經系統越穩定，就越能感受到與他人的連繫，包括孩子，這有助於他們以安全和充滿愛的方式體驗世界。除此之外，還可以透過以下練習來幫助擴大代際身心容納之窗：

❖ **茶**：還記得我在先前的章節提到的茶療嗎？茶、香草和植物藥，如洋甘菊、薰衣草、檸檬香膏和纈草，因其具鎮靜的特性，自古以來就被用做減壓良藥。花點時間靜心喝茶，專注於泡茶過程中的每一步驟，慢慢品味茶香。如此一來，你就可以在日常生活中引入溫和平靜的時刻，盤點它所產生的轉變，同時享受你所選擇的茶葉帶來的舒緩效果。

❖ **不同的靜心方式**：靜坐靜心在幫助我們恢復平衡的神經系統上的效果顯著。即使是五分鐘的靜心，也足以增強你的日常精神力量。看看你是否能改變每天的靜心方式，找到最有助於治癒心靈的靜心類型。

❖ **在自然中度過時光**：沐浴在大自然中可以幫助你與大自然的寧靜相連。我們的神經系統天生與環境相適應，因此回歸大自然可以幫助我們的神經系統恢復平衡，讓心靈得到放鬆。你很快就會發現，每個時刻都存在著許多人間奇蹟，這可以培養一種平和感，幫助你專注於當下，而對那些生活在創傷中的人來說，這往往是一項艱巨的任務。

❖ **抖動**：只需抖動身體的某些部位，就能把神經系統中的緊張情緒抖出來。你可以採用任何適合自己的方式，如跳舞、跳躍、跑步或單純地抖動，但總的目標是幫助你釋放身體積蓄的能量。

促使神經系統放鬆和恢復的方法有很多。你可以將這些練習以某種方式融入你的日常生活中，或者添加一些你自己覺得更個性化的練習。在附錄C中，你可以找到更多的練習方法。我發現，它能幫助人們以產生力量和韌性的方式開始新的一天。每天花五分鐘來完成這項日常任務就足夠了，但你也可以根據自己的願望和需要來增加時間。

建立更安全的社會連繫

第二個目標是建立以脆弱性和信任爲基礎的社會連繫。正如我們所了解到的，代際創傷重塑大腦的最深刻方式之一，就是我們與他人建立連繫的能力。因此，學會促進健康的社會連繫是通向康復的橋梁。健康和不健康的情感紐帶間的區別，可以從脆弱和信任的存在中看出來。但是，這對打破循環的人來說，可能具有挑戰性。然而，尋找那些讓你感到安全的人，可以增強我們對身體的安全感，也有助於提高我們的信任能力。你在第七章中了解到，安全的依附關係可以爲創傷提供緩衝，並幫助你治癒代際內在小孩。安全依附需要有對他人的信任，然而，欲重新學習信任感，就要從最微小的脆弱時刻開始，這些脆弱時刻可以幫助你擴大代際身心容納之窗。這意味著要採用我指導亞拉所採用的策略。一旦這樣做，你就必須把自己推到舒適區圈之外，但又不能完全壓垮你的神經系統。這樣做的目的是讓自己有足夠的動力來幫助自己做出微小的改變，從而隨著時間的推移產生更大的變化。以下舉例說明如何做到這一點：

- 告訴別人一些你從未提及的個人經歷（不是你最大、最痛苦的經歷，而是一些輕鬆或中等壓力的經歷）。
- 讓別人幫你做一些你本來會自己做的事情，幫助你訓練神經系統，使其在小任務上依賴他人。
- 告訴別人你的一項小需求，並留有餘地讓他們來滿足你的需求（比如需要一個擁抱）。
- 向別人展示你傾向於隱藏的那一面個性（尤其是如果你發現自己只展示了你認爲別人可以理解的部分）。

建立一種與眾不同的生活鑑賞力

第三個方面指的是你如何建立一種不同類型的生命鑑賞力，明白生命的意義遠不止於創傷的血脈。對於我們這些認爲生活的每個角落都有創傷的人來說，可能會覺得創傷就是源自於我們，僅此而已。對創傷敘事的過度認同，會滋生抑鬱和絕望。培養一種更加細緻入微的人生觀，讓你看到自己生活的全部，可以是一種更健康的方式來駕馭你的創傷後敘事。這可以讓你對自己的生活有一個全面、細緻和綜合的認識，讓創傷和平靜的經歷共存於一個人身上：你。爲此，考慮一下你最近一直堅持的敘事方式，並質疑自己是否對創傷有著過多的關注，這會對你有所幫助。如果是這樣的話，重新建構自己的敘事將是有益的。

敘事療法是一種幫助人們找出有關生活的其他故事，以拓寬創傷後視野的療法，在敘事療法中，個人故事會被改寫，以幫助增強講故事者的能力。我想替大家提供一個機會，在這裡寫一則簡短的個人故事。你能以一張紙的範圍，平衡地敘述你的康復過程嗎？從兩件事開始寫起：**代際創傷是如何成爲你生活的一部分，以及你爲了成爲循環打破者所採取的措施**。這讓你有機會反思已經完成的所有繁重工作，並總結你已經取得的進展。如果你想在一張紙的基礎上繼續寫作，可以考慮加入一些與以下問題更具層次的思考：痊癒後的自己能夠做到哪些受傷的自己做不到的事情？透過治療，你獲得了哪些新視角？你發現了什麼新的興趣？你現在可以採用哪些新的生活方式？這項任務就是要從平衡的角度來看待問題，欣賞你的故事的優點和缺點。

開發新的可能性

第四個領域是鼓勵你參與新的目標，以尊重痊癒後的自我。代際癒合目標很大一部分是讓你更接近代際高我。請記住，代際高我是指更加穩固、開明和睿智的自己，它每天都在進行不同的實踐和例行活動，以尊重代際成長和富足。但是，你並不是一下子就能成爲那個更有智慧的自己，你需要隨著時間的推移，逐漸成長爲更好版本的自己。這需要每天致力於改變，尋找和發展新的興趣、愛好、自我關照實踐，以及新的一切。可以從許多積極的方面拓展你的視野、抓住這些新機會。當你學到新的事物，就會建立起新的神經連繫。你會創造出更多能力，讓自己看到生活的意義，即便是最微小的事情，也能從中找到希望。

我可以繼續說下去，因爲可能性是無窮無盡的。這裡需要考慮的重要因素是，爲了展望未來，你不能不考慮未來會爲你帶來哪些新的冒險。選擇有很多，所以請利用這個機會，考慮一下你可能會有哪些選擇。我將舉幾個診療室和我自己治療過程中的例子來幫助你開始思考：

❖ 學會烹飪美味佳餚，爲腸道微生物群和生活在其中的數百萬神經遞質提供營養。
❖ 學習陶藝，尤其是製作茶壺和茶杯，爲你的茶歇時光增添樂趣。
❖ 徒步旅行，領略大自然的廣袤無垠。
❖ 學習縫紉，製作適合自己個性的新衣服。
❖ 製作蠟燭，創造新穎的香味，調節神經系統。
❖ 學習一門新語言，提高認知靈活性，這是解決問題的一個關鍵因素，而長期的壓力往往會影響認知靈活性。
❖ 設定一個新的閱讀目標，在一年內讀十二本書，以擴大你對世界的了解。
❖ 學習不同的靜心方法（如坐姿靜心、瑜伽、呼吸靜心、寫作靜心等）。

你關注的新習慣越多，就越沒有精力去關注那些在你生活中占據太多空間的不健康舊習慣。想一想，並起草一份自己的清單，看看你的目標在哪裡。

取得精神上的腳踏實地

第五個領域是在精神上腳踏實地，這意味著你要努力在自己與生命的普遍元素（包括更高的力量）之間架起健康的橋梁。已有大量證據表明，人類與生俱來就需要與他人產生連繫。無論是與上帝、神靈、自然界、宇宙、祖先或宇宙的力量，你都是在尋求與自身之外的力量建立連繫。尋求自身之外的意義是人類經驗的基本組成部分，因此也是眞正的整體治療關鍵。

我們透過祈禱、靜心、儀式和信仰與宇宙力量和大自然建立連繫，這不僅關乎信仰，還關乎我們的福祉。引入精神基礎有助於我們獲得更深層次的認識，充分發展成有意義的信念，並找到平靜。爲什麼你認爲相信上帝會支持你、月亮週期會對你有利，或者宇宙總是在尋求平衡的感覺會如此美妙？我們是一個更大整體的一部分。你越能與這一眞理連繫在一起，就越能在這段旅程中感到踏實。

如果這是你希望專注治療的一部分，那麼請考慮一下對你來說，哪方面的靈性是眞實的，並加深你與這種靈性的關係。這可能意味著寫信給你的祖先或更頻繁地參加宗教活動，也可能意味著了解你的占星圖，以便更好地適應自然元素對你產生的影響。這是一個非常個人化的過程，無論你想在哪方面花時間，都可以增進你的心靈連繫。請記住，如果你不想專注於這一領域，這也是值得尊敬的。

幫助你的血脈和社區中的其他人痊癒

第六個方面是指你如何向自己的血脈和社區提供幫助。爲了幫助你的血脈和社區，你可以嘗試以一個接受痊癒的自身形象出現（記住，只有你的痊癒才能爲自己的血脈帶來轉變），或者邀請其他人接受共同痊癒（正如我在〈前言〉中提到的，這是可以選擇的）。然而，幫助你的家庭和社區中的其他人，也是如何從創傷廢墟中創造意義的一部分。這種社區觀點是療癒工作的其中一個方面，可以爲個人療癒增加一個重要的維度。對於一些打破循環的人來說，這是他們治癒創傷的唯一方法——將治癒擴大到更大的圈子。而對其他人來說，這種方法在工作中並不那麼重要。這兩種方法都是值得尊敬的。然而，世代創傷並不是一個人的經歷，所以你可能需要考慮還有誰能從你正在進行的療癒中受益。可以是朋友、社區成員，甚至是陌生人。

你可以這樣做的例子包括：

- 只需展現出一個痊癒得更好的自己。
- 向他人展示你正在學習的「打破循環」做法。
- 邀請他人與你一起做深呼吸練習。
- 邀請別人和你一起喝茶休息。
- 與有困難的人分享如何使用DRIVE方法（見前一章），開始進行困難的對話。

請記住，這是爲你的治療需求量身訂製的。一如既往，讓它只屬於你自己。

幫助治癒後代

第七個創傷後代際成長領域，同時也是最後一個，是幫助治癒後代。你是正在形成中的祖先，因此你對世界的影響非常重要。現在的所作所爲會影響到幾代人。對於許多打破循環的人來說，透過世代相傳的智慧和韌性，會對後代產生積極影響的想法，是他們打破循環之旅背後的實際推動力。在他們看來，自己的孩子、年輕的家庭成員、社區裡的孩子、全球各地的孩子，或者任何後代，都是治療過程中需要考慮的重要因素。這對你來說也會是一種動力。如果是這樣的話，那麼就像我們在之前的幾個練習中所做的，列出你希望如何做到這一點，將會是有益的。首先，寫下你對這道問題的答案：「我希望如何影響我的後代？」然後看看你想到了什麼。如果你的想法不夠多，這裡有一些方法可以幫助你開始。

你可以透過以下方式影響後代：

❖ 向他們傳授神經系統調節的知識，這是一種自然的自我保健方式，這樣他們就不必像你一樣經歷那麼多痛苦。
❖ 與他們建立一種根植於安全和連繫的關係，讓他們把你視爲安全的避風港。
❖ 參與有助於爲他們創造更安全環境的宣傳活動，如減少欺淩或暴力的校園活動等。
❖ 以身作則，幫助他們建立健康的自尊和自我概念，比如向他們道歉，或爲他們創造傾訴情緒的機會。

❖ 投入時間去破壞那些使他們的光芒黯淡、讓創傷有機會扎根的系統。

❖ 其他。

我們將在下一章介紹你的代際影響，但現在，請繼續思考如何爲你的後代量身訂製你的影響。

這些方面合在一起，可以幫助你建立世代相傳的韌性、智慧和富足。它們能幫助你理解，你的故事並不是始於或止於代際創傷，因爲它的意義遠不止於此。代際創傷後成長是爲了創造你應得的生活，而不是讓代際創傷成爲你歷史中唯一值得注意的部分。

擁抱不完美

世界各地的社區復原力創造了共同語言，在社區中的每個人都能在更深層次上理解這些語言。基於社區的象徵意義，反映了歷史上和世界各地社區的力量。例如，盧安達在歷經種族滅絕後，倖存者及其後代採用了與復原力相關的特定文化概念來幫助重建他們的社區‥kwihangana（從內部汲取力量）、kwongera kubaho（展現肯定的系統）和gukomeza ubuzima（朝著接受和成長的方向前進）。盧安達全國各地的社區對所遭受的創傷，和他們共同的倖存者精神中蘊含的復原力有著共同的理解，這一點反映在他們所創造的這一新的文化語言中。

美國切羅基民族的成員在文化上也擁有被理解爲反映復原力的常用諺語。切羅基民族的第一位女首領威爾瑪·曼基勒（Wilma Mankiller）在教導族人堅韌不拔的精神時，闡述了大自然的智慧，她指出，一頭母牛在暴風雨中會逃跑，但一頭水牛會衝向暴風雨，從而更快地度過難關。曼基勒斷言，如果人們在面對生活中的風暴時，能勇敢地站起來，就會更快地看清自己，甚至會在面對挑戰時想起自己的力量。

另一種以復原力爲中心的觀點展現於日本的「金繼」（kintsugi）技藝中。這種做法告訴人們擁抱瑕疵，拾起破損的碎片，將它們重新拼接在一起，讓它重新散發出金色的光芒。人們相信，金色的裂縫會增加作品的價值。同樣地，生活中的裂縫也會讓我們變得更加珍貴。當我第一次了解金繼的道理時，我不禁回想起外婆送給我的那只杯子的珍貴碎片，我感到非常悲傷。我把它們扔掉了，因爲我不相信自己可以透過練習來重建它。但後來我想到，可以用其他與外婆和她的智慧相連的東西，以重建曾經摔碎的杯子。

在我摔碎外婆的杯子並傷心欲絕的幾個月後，我的父母給我一顆多明尼加一條河裡的石頭，那是一種拉利瑪綠松藍石，全世界只有一個地方能找到，那就是我外婆的家鄉巴拉奥納。我決定打造自己的金繼，並將這些石頭融入陶瓷品，以紀念外婆堅韌不拔的精神和對我的愛。用拉利瑪石製作陶瓷作品的過程，讓我釋放了失去外婆杯子的悲傷，也釋放了我與外婆失去連繫的感覺，從而喚醒我身上世代相傳的堅韌和智慧的力量。

也許你也有自己的煉金故事：一則關於蛻變、化腐朽為神奇的故事。或者是一則關於你如何邁向自己的世代力量的故事。也許是你搬到了一座新的城市或國家，決定重新建構自己的生活。或者是你鼓起勇氣做出轉變、轉換了職業，又或者你的故事是走出了心理健康的汙名、走出了心理創傷。無論你的故事是什麼，它都值得你在治療的過程中反思。

打破循環：增強世代相傳的復原力——「生存信任」練習

本著提高你的代際復原力和實現成長的精神，讓我們努力建立更好的社交關係，這是創傷後代際成長所需的領域之一。你可以使用這項工具來安全地拓展自己的社交極限——這意味著在人際關係中，做一些可能會讓你有點不舒服的事情，並搭配放鬆練習，這樣你就能學會忍受不適。放鬆練習還能幫助你擴大代際之間的容忍度，從而建立起更深層次的連繫。我將提供一項溫和的練習供大家嘗試，我稱之為**「生存信任」**，它可以幫助我們放手，將微小的任務託付給他人。這項練習就像它幫助我的個案亞拉信任她的朋友，請她幫忙買音樂會門票一樣，首先將信任視覺化，再配合一種叫做漸進式肌肉放鬆的練習，從而逐漸增加你的信任。這需要你坐在一處舒適的座位上，因為你會有意識地繃緊某些肌肉群，以釋放它們所承受的壓力。讓我們開始吧。

❖ 找一處舒適的座位，最好是在你指定的安全空間內。

❖ 透過增加吸氣和呼氣時長來加深呼吸。

❖ 再做三次緩慢的深呼吸。

❖ 準備好後，閉上眼睛。

❖ 設想一個關於你的微小弱點，不是像害怕被遺棄那樣深層次的弱點，而是更小的弱點，比如懼高症。

❖ 想像自己將脆弱握在手中，就像拿著一份禮物一樣。

❖ 設想一位你覺得對你來說是安全的人，但他並不知道你的這項弱點。

❖ 現在，想像一下那個人張開手掌，接受你脆弱的禮物。

❖ 準備好後，設想自己把它交給那個人。

❖ 注意把這份充滿信任的禮物送給他們的感受。

❖ 你會產生什麼情緒？

❖ 此時此刻，你與他們的連繫有多緊密？

❖ 現在，把注意力轉移到你的身體上。

❖ 從頭部和臉部開始。你注意到這裡有什麼感覺嗎？

❖ 深吸一口氣，把臉皺起來，就像嘗了很酸的食物一樣。

❖ 釋放你的呼吸、釋放你緊張的面部，並注意它留下的任何感覺。

❖ 現在設想一下，這個人將你的信任握在手中片刻。

❖ 在此過程中，將身體的重心轉移到心臟上。

❖ 深吸一口氣，給自己一個緊緊的擁抱。

❖ 釋放擁抱、釋放你的呼吸，注意它留下的感覺。

❖ 現在想像一下，這個人將你的信任握在手中，呵護著它、培育著它。

❖ 深呼吸、擠壓核心肌肉。

❖ 現在鬆開肌肉，釋放呼吸，並注意它留下的感覺。

❖ 現在，想想那個人對你說：「你可以把這件事託付給我。」

❖ 深吸一口氣；透過擠壓雙腿來繃緊雙腿肌肉。

❖ 釋放肌肉、釋放呼吸，注意你的感受。

❖ 現在，想像自己重新獲得信任，並將其安全地交到自己手中。

❖ 深吸一口氣，搓起手指和腳趾。

❖ 釋放它們、釋放呼吸，並注意這些感覺。

❖ 在這兒坐一會兒。
❖ 注意身體的感覺，以及剛剛經歷的大量釋放和接收。
❖ 在這裡盡情呼吸。
❖ 準備好了，就睜開眼睛。

寫下我們的經歷總是有幫助的。所以如果你願意，請拿出日記本，寫下在這次視覺化練習中，把信任交給別人的感受。你是否注意到有任何阻力出現？你認為是什麼阻礙了你的體驗？這些阻力又是如何成為開啓關於你的新世代洞察力的關鍵？

請記住，重新設計我們的神經系統需要進行上千次的重複動作，所以一定需要多次重複進行這項練習。我們在這裡所做的就是訓練你的代際神經系統，讓它擴大自己在人際關係方面的限制，並幫助身體吸收這麼做是安全的訊號。

目前所學到的知識

本章重點介紹了你如何成為代際復原力的接受者，以及如何透過代際創傷後成長過程繼續發揮自身的優勢。本章引導你進行建立信任的練習，幫助你調整放鬆反應，擴大代際身心容納之窗，促進更深層次的連繫。在這裡，我們還為你提供了多個反思時刻，因此，在進入最後一章之前，請稍作停頓。

自我反思

1. 你如何了解這些代際復原力和成長？
2. 你每天可以用什麼方式提醒自己代際間的力量？
3. 你還希望透過哪些方式來記念祖先賦予你的韌性？

Chapter

12 留下世代相傳的遺產

我不只是祖先最狂野的夢想。
我還是後人最大的希望。

——佚名

你是家族代際傳承的煉金術士。在這本書中，你建立了治療遺產的基石，它將影響你、你的家庭和你的社區。你所閱讀的每一章、學習的每一項技能、做的每一次呼吸，都在拉近你與傳承的距離。在你採取這些步驟治癒自己的同時，也爲你的血脈提供了治癒，爲後代建立了豐厚的基礎。

我們繼承的遺產是一個契機，讓我們的生活與更遠大的目標保持一致；這個目標就是打破創傷的循環，讓你的生活不再被動，不再只斷言你是代際創傷的產物，而是更積極地爲你和你的血脈建立起新的敘事。你的後代會知道你在這一世代做了什麼，他們會講述你如何打破家庭模式、如何爲社區代言、如何改變歷史的故事。你將成爲人們津津樂道的祖先，因爲你有勇氣走出現狀。你新獲得的知識、你的行動和智慧將被一代又一代的人循環利用。這就是建立遺產的結果，它超越你的生命，能夠產生世代的影響。

透過你的打破循環工作，你已爲自己及任何與你產生連結的人取得世代特權。代際特權是一種知識特權，即知道代際創傷的存在，也是一種做得更好的特權，即選擇建立新的遺產。代際治療本身就是一種特權。它爲你提供打破循環的選擇。因爲當你不知道自己處於創傷的傳承，或者沒有工具來打破它時，你更有可能停留在循環中。當你有選擇和打破循環的工具時，就獲得了世代相傳的特權。因此，透過這項工作，會學習如何治癒、選擇阻撓創傷，因爲你正在利用這種世代特權，成爲一名傳承祖先。你正成爲別人引以爲傲的祖先。

成為你需要的祖先

要想成爲一名傳承的祖先，就必須展現出自己的療癒能力，並致力於爲他人留下一些智慧。展現你在第二章中學到的，代際祖先是一種無私的立場。這意味著在爲自己治療的同時，也在爲集體治療，也意味著要明白你的治療是必要的，這樣你的生活才會充滿更多的平和，同時也不會把充滿傷害的命運傳給後代。我還記得第一次想到自己是一個仍在世的祖先的那一刻。我的好友萊拉·薩德問了我一個問題：「如何成爲一名好祖先？」我記得當時的回答是：「透過回顧那些保有希望的人們。我們不可能在有生之年解決所有問題。只要你能爲這個世界貢獻一點微薄之力，讓它成爲人類可以共同生存的地方，就去做吧，其餘的就讓這個世界來做。」至今我仍堅持同樣的立場。我們每個人都要盡自己的一份力量、都要打破循環，而這些行動匯聚在一起，就會建立起影響集體後代的世代轉變。我們不必獨自改變整個世界，只需做好自己的本分。你的責任是什麼？你的遺產是什麼？你將對什麼變化負責？這些問題可能會讓人覺得過於龐大，但我可以向你保證，你已經做很多事情了。我在此只是要求你反思一下，並有意識地付諸行動。你可以選擇利用這一刻，寫下關於你的遺產日記。

如果你這樣做，這裡有一些額外的提示，可供你在寫作時考慮：

- 留給你的遺產是什麼？
- 你想從這份遺產中保留什麼？
- 你希望從中摒棄什麼？
- 你希望將哪些文化價值觀過渡到未來？
- 你願意摒棄哪些文化價值觀？
- 哪些行爲反映了你的代際高我境界？
- 哪些行爲不是？
- 後代人會講述關於你的什麼故事？

你被選中執行這項轉變的任務。你的任務是打破「現在已經很好」的說法，並轉向「以後只會更好」。你的遺產是由每天的生活實踐所驅動，並在你的代際高我中表現出來。這需要我們每天致力於全方面的治療癒合。循環打破者的力量就是建立代際遺產的力量。因此，請利用這一刻來收集這份遺產的眞正面貌。你的祖先一直期待你在這裡找到自己、打破循環，這既是你的榮耀，也是他們的榮耀。對於你如何建立遺產，他們會怎麼說？你如何才能讓他們和你感到驕傲？你又將如何幫助後代感同身受？

打破養育循環

在我們這一世代中，有些人已決定不生孩子，以阻斷世代流傳的創傷基因表達、行爲和代際逆境經驗的傳遞。這也可以是你的版本，爲你的血脈送上一份輕鬆的禮物，讓你自己和你的祖先感到驕傲。然而，如果你已經決定，你遺產的一部分就是打破爲人父母的循環，那麼對你來說至關重要的是，你也要有一個打破循環的養育方式路線圖。還記得我們在第七章討論過的打破養育循環概念嗎？讓我們花點時間來進一步探討這項概念。

對於一些循環打破者來說，建立繁榮遺產的理念意味著，他們教導後代如何以不同於自己的養育者所教導的方式生活。選擇以「循環打破者」的身分爲人父母的人，正面臨著巨大的挑戰。他們大多是憑直覺來訂定新的養育方法，試圖爲孩子和後代打下不同的基礎。與我共事過的一些個案非常關心後代，但他們還沒有爲人父母。我的一名個案還沒有孩子，但她知道自己總有一天想要孩子。她曾稱自己是一個先發制人的循環打破者，因爲她在孩子還沒有出生之前，就已經在做自我調整的工作。給自己一個機會，讓自己盡可能地得到治癒。如果你有這樣的想法，或者你已經爲人父母，那麼不妨思考一下你對父母所能產生的影響是一種健康的傳承實踐問題。

許多在代際逆境經驗中長大的循環打破者，往往會擔心自己成爲怎樣的父母，擔心將世代創傷傳遞給孩子。父母們擔心依附關係破裂、被排斥、羞恥和壓迫等可能性，他們希望以不同的方式爲人父母，期許自己以不同的方式教養孩子。他們希望生活在一個更安全的世界裡，因爲他們成長的世界裡不存在持續的安全，同時，他們也不希望自己的孩子繼承創傷的心靈、身體和基因。很多時候，正是這種打破循環者對孩子的執著，成爲打破循環的最大動力。我聽過很多家長個案這樣說：「我只知道我不想像我的母親。我想爲我的孩子做不同的事情。」對很多家長來說，打破循環的過程源自他們內在小孩的渴望。循環打破者正是從這種希望自己的小孩有不同的內在小孩的啓示中，找到了改變世代敘述的直觀方法。他們審視代際創傷樹所反映的模式，希望建立更具適應性和健康模式的新樹葉，而不是他們在家族中看到的破壞性模式。有一名個案，當她在養育子女的道路上遇到岔路時，經常會問自己：「在這種情況下，我希望我的父母怎麼做？」在這種時候，她會給自己一個機會，反思下一步該怎麼做。這種反思也可以成爲你在育兒過程中的暫停鍵。我發現，這能讓父母感到踏實，並與希望孩子的生活和自己的童年不同的願望一致。多年來，我聽到其他家長向我轉達的一些共同願望是：

❖「重點是，不要讓我的孩子在恐懼中長大，要以我的方式長大。」

❖「我希望能夠與孩子就他們的預期行爲進行坦誠交流，而不是透過傷害身體來表達我的觀點。」

❖「我想讓孩子覺得他們對我來說很重要，而且他們總體上也很重要。」

❖「在我的成長過程中，我覺得自己在家裡沒有發言權。我希望我的孩子能感受到被傾聽和被看見。」

❖「我的孩子精力充沛，就像我在他們這個年齡時一樣。但我當時因此受了很多懲罰。我想讓他們覺得自己的活力不是個錯誤，也不是壞的，而是值得慶祝的。」

❖「我希望我的孩子爲自己的身分感到自豪。」

❖「我想讓孩子覺得他們可以玩耍，不用擔心自己的童年會被奪走。」

❖「在文化價值觀方面，我希望孩子學會保留什麼、摒棄什麼。」

❖「我希望孩子覺得他們可以坦率地表達自己的情緒，而不受到我的壓制。這在家庭中是非常正常的。」

❖「我希望孩子在我犯錯時能聽到我說『對不起』，並知道他們值得我道歉。」

❖「我希望我的孩子有一個快樂、得到支持和安全的童年。」

❖「我希望我的孩子有能力爲他們的孩子和他們孩子的孩子改變世界。」

好消息是，正如你在本書了解到的那樣，遺留下來的創傷是可以重塑的。童年時曾經受創傷的父母，可以保護自己的孩子免受不得不承受的傷害經驗。即使他們的孩子天生就有情緒上的弱點，讓他們接觸不同的養育方式也能增強復原力，幫助他們過上輕鬆的生活。

打破舊有的養育模式

從打破循環的角度來看待養育子女這件事，這裡融合了兩種互補的做法：關愛自己和關愛你的孩子。當父母的情緒調節能力提高時，他們就會更加注意自己的養育行爲，與孩子建立更健康的溝通模式。對父母來說，增強父母的正念有助於他們能同時了解自己和孩子的需求，從而提高他們的調適能力。這意味著，做爲打破循環的父母，你要不斷爲孩子提供調適和調節（關愛孩子），同時爲自己提供調適（關愛自己）。你還需要爲孩子們建立一個心理安全的環境（關愛他們），同時還要學習什麼是心理安全（關愛自己）。如果你是父母，你就得加倍努力打破循環。儘管這不是件容易的事，但對許多父母來說，卻是一項値得付出的努力。

當父母問我：「如何確保我不會把代際創傷傳給孩子？」我建議他們從安頓自己的心靈、身體和精神開始，以確保孩子有一個更安全的家。還記得露娜嗎？記得我和她如何先安頓她的神經系統，讓她能眞正看到孩子的需求？這也是你需要做的工作。透過專注於穩定你的神經系統，你更能確保孩子不會回到一個充滿混亂的家，相反的，他們能夠感受到自己被看見。你要確保他們留下的不是一段混亂的童年，而是一段情緒穩定的童年。

一般情況下，當孩子來接受治療時，很大一部分工作是與父母一起完成的。我們培訓成年人如何調整他們的養育技巧，從而使孩子的行爲開始轉向健康的方向。如果做爲父母的你在無意識中做出了創傷反應，那麼你很可能無法在孩子的神經系統中建立平衡，而使遺傳的創傷循環永久化。或者，你能夠跳出這種反應的循環、理解孩子的需求，有效抑制代際創傷傳遞。這就是爲什麼在考慮對孩子的影響時，與父母的合作是如此重要。

我與「循環打破者」父母的合作方式，是透過一個我稱之爲**「回歸教養與展望教養」**（Parenting Back–Parenting Forward）的過程。這個過程既尊重父母的情感，也尊重孩子的情感世界，它考慮到了代際治療的不同層面，是一種幫助你採取更用心的養育方式，

第一部分是**「教養回歸」**，即代際再養育。你的工作重點是滿足你的代際內在小孩的需求。這意味著用你在第六章學到的方法，來安頓你的代際神經系統，進行我們在第七章討論過的代際內在小孩工作，每天努力爲自己建立更踏實的身心和精神。這將讓你有機會感受到關懷和更多的安定。你可以對自己的需求產生更好的情感調適能力，從而以一個情感上更成熟、情緒上更穩定的父母形象出現。

正如你所看到的，這就是你一直在學習的東西，所以你已經爲這個過程的第二部分**「展望教養」**做好了準備。這就是你可以做出的承諾，每天有意識地專注於以傳承爲中心的養育方式，也就是幫助你要時刻注意自己的養育方式對孩子產生的代際影響。如此一來就可以停下來，反思自己如何維持循環或建立傳承，並選擇自己願意採取的方向。

「展望教養」的考慮因素包括：

❖ **調節他們的神經系統**：及早教孩子如何調節自己的神經系統，這樣他們就能擁有比

你更好的生理基礎。這可以從孕前、在子宮內或孩子出生後開始。不過，學習一種可以幫助管理壓力的技能永遠都不會太晚，所以無論你的孩子年齡有多大，都可以考慮向他們介紹深呼吸、靜心，甚至是舞蹈等幫助他們更好地吸收壓力的方式。與孩子們一起調節情緒，教會他們尋找平靜的藝術。哼唱、搖擺和其他神經系統練習可以成爲一套時常使用的練習方法，當生活遇到困難時，他們可以隨時運用。

❖ **幫助他們獲取安全的依附**：正如你透過這本書所學到的，甚至可能從你自己的經驗中知道的，父母情感的調和對於形成安全依附至關重要。因此，在情感上比你的父母在你嬰幼兒時期對你的照顧，更能滿足你的孩子需求，這點更是重要。這並不是說要做到完美、做到百分之百的關注，重點在於眞摯的關懷。就是要像露娜那樣，看著孩子的眼睛，注意到他們的情感和生理需求。如果你的孩子有語言能力，你可以試著問孩子：「我現在能爲你提供什麼？」並盡力提供。透過讓孩子看到父母始終如一地陪伴、關心和愛護他們，從而幫助他們培養依附安全感是至關重要的。

❖ **爲他們提供安全的依靠**：幫助孩子將你視爲提供他們安全的人。首先我們可以在家學習心理安全。如果你的孩子能夠與照顧他們的人建立起安全的基礎，就可以少一些恐懼和疑慮。

❖ **肯定你的孩子**：肯定孩子可以幫助他們建立起自己的內在語言。你可以利用穿透靈魂的語言來肯定他們，幫助他們建立這種內在語言。告訴他們你希望他們聽到什麼。如果有幫助，你可以簡單地以「我看見你」「我聽見你」「我重視你」開始。這些肯定會幫助他們感受到自己被看見、被聽見、被重視，之後會轉化為他們看見、聽見、重視自己。

❖ **不要打孩子**：體罰會讓孩子陷入心理漩渦，當孩子感到自己處於危險之中，他們的大腦皮層會暫時放緩運作，使他們無法充分處理你需要他們做的任何事情。打孩子會讓他們進入求生模式，在這種情況下，他們無法完全理解你的指令。相反的，可以考慮用其他方式傳達你希望他們聽到的訊息。這時，一個穩定的代際神經系統也會發揮作用，因為它能讓你更有效地溝通，為他們下達一項他們能聽得更清楚的指令。

❖ **優先考慮他們的聲音和意見**：提高孩子的獨立性會對他們產生影響。代際創傷家庭中的孩子會覺得自己在家中缺乏發言權。打破這種循環意味著要讓孩子的聲音突出並被聽到。這也將幫助他們充滿自信地走向世界，不再自我封閉。

❖ **讓他們告訴你關於自己的感受**：幫助孩子充分表達他們的感受是一件能帶給他們力

量的事。如果我們能及早教導孩子如何安全地感受自己的情緒，日後他們就不必成爲尋找健康情緒表達方式的成年人，也就是說，孩子不必因爲從未學會如何與自己的感受坐在一起，而花費多年的時間重新與眞實的情緒表達方式建立連繫。建立一段以充分表達自己情感爲中心的童年，有助於保障小孩在長大後，毋須花費多年的時間來治療內在小孩。

❖ **向你的孩子道歉**：道歉是勇氣和同情心的展現。你可以向孩子表達歉意，並反過來向他們反映他們的情緒很重要。你還可以透過模仿來幫助他們學會爲失誤道歉。透過這種方式，你們都能成爲有缺陷的人，像眞正的家人一樣，全面性地看待彼此，並爲錯誤和修復留有餘地。

❖ **讓他們發揮創意**：幫助孩子培養表達創意的能力很關鍵。世代循環會阻礙孩子的創造力，因此幫助他們獲得擴展創造力的自由是非常重要的。允許他們這樣做也是你發揮創造力的一種方式，尤其是如果你的創造力曾因創傷性的成長經歷而受到阻礙的話。

❖ **讓他們玩耍**：讓孩子們玩耍非常重要。全世界有很多人都在試圖透過玩耍，找回自己的內在小孩，因爲他們小時候沒有獲得足夠的機會享受閒暇時光。但是，如果我們允許孩子們跳進水坑、放聲大笑、盪鞦韆、從山坡上滾下來，做孩子們該做的事情，也許他們成年後就不必拚命尋找這些經驗。

❖ **審查交付孩子的對象**：這可以幫助我們給孩子更好的保護。可以詢問孩子的照顧者如何保護孩子，並確認他們不會侵犯孩子。這是一個禁忌話題，但就像許多被我們藏在暗處的話題一樣，除非我們揭開它的面紗，勇敢地談論這個棘手的話題，否則我們將無法解決這道問題。這可能是段能爲你的孩子帶來安全的對話。

❖ **相信你的孩子**：除了審查孩子身邊的人之外，你還必須與孩子討論他們自己的身體界限。關鍵是要始終留有餘地，與孩子們談論他們接觸過的任何人，如果孩子告訴你有人傷害他們，要相信你的孩子。在這些時刻，你的神經系統一定要安定下來，這樣才能以孩子爲中心的方式來回應他們，讓孩子感受到傾聽和保護，而不是羞愧和再次受到傷害。

❖ **平衡他們的世界觀**：教導孩子以積極的面向看待這個世界至關重要。請記住，創傷會使人預先設定尋找威脅的程序，並使他們陷入過度警惕的狀態。關注積極的特質可以平衡他們看待世界的視角，讓他們明白世界上有危險，但也有美好的事物。

❖ **教導他們了解自己的影響**：可以教你的孩子在生活中以社區爲中心，關心他人的生活。因為人類相互依存，他們保持身心健康的能力永遠會與社區的福祉相連。試想一下，如果我們這一代循環打破者致力於向下一代傳授這一理念，下一代人將會更加相互依存，更意識到他們的集體影響。我們每個人都可以盡自己的一份力量。

❖ **宣導一個不會剝奪他們童年的世界**：走向世界、推動變革，讓你的孩子更安全、更快樂。提倡安全法律、實踐和價值觀，讓孩子免受代際逆境經驗，尤其是那些發生在集體層面，後來又湧入他們家中的逆境經驗。

❖ **讓他們收集智慧**：考慮擴大你的孩子與社區其他人的互動。讓他們與長者和社區老兵交談，在家庭和學校環境之外，獲得世代相傳的智慧和財富。

如何知道我的孩子沒事？

做為打破循環的父母，你可能會擔心自己的孩子是否已經成為代際創傷的繼承者。父母通常會擔心並產生這樣的想法：「我把它遺傳給孩子了嗎？」「我這樣做對嗎？」「我怎麼知道我沒有搞砸？」以及「如果我搞砸了，該如何彌補？」坦白說，生活在持續擔憂的狀態中，並不能幫助你專注於孩子的需要。實際上恰好相反，因為憂慮的頭腦無法敏銳察覺問題所在。

在打破循環的育兒之旅中，感到無助是很自然的。你正在做一項艱難的工作。然而，將焦慮的精力重新集中到幫助孩子感受到更多的調節上，會比一直焦慮來得更有機會幫助他們。首先你可以透過表現出如何好好照顧自己，然後與孩子談論他們的需求，以緩衝造成創傷的可能性。

在日本，有這樣的說法：孩子是透過觀察父母的行爲，而不是聽他們說什麼來學習。孩子觀察父母如何關照自我，往往會將其反映在自己逐漸萌芽的個性中。當我們爲孩子樹立關愛和平靜神經系統的榜樣時，他們會因而感到有勇氣，並加以模仿，自己也會變得平靜，展現你所建立的傳統。

我曾經與一名青春期孩子的家人合作過，我們一起工作了幾個星期後，在與父母和孩子進行會談時，我意識到整個家庭正經歷一場集體情緒混亂。他們的代際神經系統被激怒了，並互相開火。

我們採行的一些做法是爲家庭進行腹側迷走神經練習，這對該名青少年來說特別有幫助，因爲他每天都在努力調節自己的情緒。在治療過程中，這個家庭特別受益於情緒調節，全家人都會哼唱小時候唱給孩子聽的那首西班牙歌曲。這種時刻讓人看了特別感動，因爲他們在進行集體治癒，而且青少年也會對這項練習做出非常積極的反應。不過，我最喜歡和他們一起進行舞蹈動作治療的時刻。這不僅幫助他們透過練習本身，來調節代際神經系統，而且有時青少年會因爲一些動作而咯咯笑，這會讓父母也會跟著開懷大笑。在那一刻，我明白了很多事情都是代際發生的；他們的鏡像神經元與笑聲同步，神經系統記錄了集體放鬆反應，他們一起分享了代際核心調節的美好時刻。這種調節之所以需要在打破循環的養育過程中進行，很大程度上是因爲他們的傷害是交織在一起的，所以我們需要將他們的治療交織在一起。你也可以將你的療癒與你孩子的療癒交織在一起，並透過這裡所反映的做法共同建立遺產。

我的個案亞拉希望以不同的方式養育孩子。你可能還記得亞拉的爸爸放學忘記接她回家的故事。這對亞拉造成了很大程度的心理創傷，因此，她參與自己的「回歸與展望」實踐方式就是肯定自己，認知到自己不應該被拋棄。對亞拉來說，「展望教養」包括每次都去學校接自己的孩子。亞拉甚至進一步告訴她的孩子們，她是多麼喜歡陪伴他們，他們對她而言是多麼寶貴。這讓孩子們明白，即使她錯過了一次接送，她也會出現在孩子們身邊，爲他們的健康和安全盡心盡力。這些行動替亞拉灌輸了爲人父母的自豪感。她用不同的方式教育孩子，因爲她想向孩子們傳遞不同的訊息：「我在這裡，我始終如一，爲你出現是我的榮幸。」這與她自己童年內化的訊息大相逕庭：她沒有價值、她是父母的負擔。她學會了懂得回歸與展望的養育方式，這樣就能在爲孩子打破循環的同時，不斷打破自己內心的循環。

走進我們的遺產

這些年來，我的母親仍然在車庫裡放滿了東西，她計畫有一天把這些東西送回多明尼加的老家。看到這些東西時，我的預設反應總是在精神上關閉自己、麻木自己的情緒。我會頹然倒下，感覺一股疲憊占據了我的身體。我感受到這些未寄出的箱子裡所蘊含的內疚和悲傷。這讓我難以承受。

我現在的反應是深呼吸。還記得自己第一次做出這種反應時的情景。我笑著說：「天哪，我只是下意識地深呼吸一下。我的身體自發性地進行了治療。這太美妙了。我感覺輕鬆許多。我沒有封閉自己。我沒有掙扎。我安全地佇立原地，並注意到身體很放鬆。我處在這一世代的流動中，而不是束縛中。」我知道那一次自動深呼吸的意義如何。

這需要重複數百次。但在這裡，我生活在一個更具規範的神經系統中，感覺更接近代際高我，看到了我所做的一切工作的成果。

我感到平靜且深感自豪，但我的工作並未就此停止。我的家人繼續不斷地討論我們的康復問題。我們持續每天一起或單獨進行自我關照的練習。我們互相講述世代相傳的痛苦和勝利的故事，爲彼此留下脆弱的空間。我們以自身做爲後代模仿的對象，爲他們建立新的基礎。這是我們共同引以爲傲的遺產。

我的個案諾拉、亞拉、布魯克林、里昂、祖麗、所羅門、露娜以及其他無數人都以打破循環爲中心，打破了各自的循環，建立了新的傳承。我們一起進行的工作，每一分鐘、每一節課，都讓我感到驕傲。

我也爲你和你在這段旅程中所進行的工作深感自豪。這是一次蛻變和學習的旅程。一次超越層層創傷，重新塑造自我的旅程。這是一個經常以調節神經系統的方式出現的旅程。當你這樣做時，將其視爲你如何生活在你所建立的代際遺產中的一部分。我希望這將讓你永遠感到自豪。

打破循環：煉化你的遺產——療癒鍋想像練習

在多明尼加共和國，政府會在一週內不定時關閉所有電力和天然氣。你會聽到人們在家裡向鄰居大喊：「停電了！」（這意味著冰箱裡容易腐敗的食物將會浪費掉）但是，足智多謀的多明尼加人找到了辦法，在幾乎每天都發生的停電事件中團結起來。鄰居們把容易腐爛的食物都拿出來，建立「伙食團」，以便在熄燈時互相充飢。傳統上，他們會料理一道用根莖類蔬菜和冰箱裡所有肉類燉煮成的燉肉湯。我們家燉肉湯時，都是於黑暗中在後院生火（這是一種非常古老的做法）。燉肉用的是一只直徑約六十公分的大鍋。家人、朋友、鄰居等任何人都能一塊享用。

我的外婆瑪麗亞教導她的孩子們，包括我的父親如何做燉肉湯。我聽說她總是會留一盤給附近需要加餐的人，她會叫他們「el pasajero」，意思是路過家門口的人。當我看到父親製作他母親曾經製作的燉肉湯，並為飢餓的人提供食物時，我學到了煉金術的第一課。我們全家人都出力幫助爸爸準備食材。一個人洗肉，另一個人切菜，還有的撿柴生火。大家齊心協力，在黑暗中完成了這頓營養豐富的大餐。這讓我想起我們在這項療癒工作中的所作所為：我們在痛苦的黑暗中烹飪，把我們想撈起來的所有東西都扔進療癒鍋裡，給其他也需要療癒的人多留一點。做為最後的練習，我想和你一起做一道想像的燉肉湯。

❖ 取一張紙，畫一個圓圈，表示鍋。

❖ 現在畫出配料（馬鈴薯、大蕉、玉瓜、雞肉、燻牛肉、豬肉香腸、玉米和餃子）。

❖ 在每種配料的上方，寫下你要添加到你的燉肉湯中的內容（你希望從這段旅程中挽救的一切，比如建立代代相傳力量的日常做法、向孩子道歉、寫信給祖先等做法）。

❖ 現在在鍋子的下面點火。火象徵著讓燉肉湯繼續烹煮，也象徵著讓你在建立這份遺產的過程中繼續燃燒。

❖ 在火堆上寫幾個字，象徵著什麼能讓你保持動力。

❖ 現在，拿著這幅燉肉湯圖畫，還有你在這一路上收集到的其他物品和做法。

❖ 把它們和你的日記一起放在一只容器裡。

❖ 只要你需要提醒或練習，你都可以回到你的容器中，拿起你需要的東西。

目前所學到的知識

在本章中，你更加具體地關注如何建立和維持代際的遺產。你從代際養育模式中學習到養育子女的方法，並學會了使用特定的工具來加深你在療癒之旅中的成長和富足。我們還提示你建立一道燉肉湯，以確定你在代際遺產傳承之旅中要保留的東西。在進入我為你準備的最後幾段話之前，請深入思考你的反思問題。

自我反思

1. 你對代際傳承所建立的學習，如何改變了你對代際療癒之旅的看法？
2. 你對代際再教育，即在關愛下一代的同時關愛自己有什麼看法？
3. 你希望你的旅程如何影響後代？你希望如何將這項工作發揚光大？

後記　愛的遺產

這本書的誕生源於一個深切的願望，那就是希望看到我們治療創傷的方式發生代際轉變。我知道我希望人們能在這本書中體驗到深刻的治癒經驗，但一旦到了寫下這些文字的時候，我卻爲如何寫而犯難。我問姊姊蕾蒂：「我要如何寫出一整本反映十年治療工作和幾代人故事的書？我不知道該從何寫起。」她的回答是：「就寫你需要的那本書吧！」這就是那本書。這是我在代際治療中需要的一本書。這本書反映了無數人如何治癒自我。這本書從我的治療室中提煉出了代際智慧的煉金術，反映了我的個案的勇氣和信任，也反映了我祖先的智慧，展示了我的家族的力量，揭示了我對治癒人們靈魂的熱愛，也爲了治癒你的靈魂。

這本書是爲你、爲我們而寫。爲了勇敢的人、爲那些想要鼓起勇氣並治癒疾病的人。在整本書中，我希望反映出經過測試、眞實的治療方法，也許最重要的是，反映出循環打破者的聲音。我想弘揚和介紹選擇打破循環的這一代人的聲音。做為一名循環打破者，我希望你的經驗也能在這裡得到反映。

我希望你能在這本書中感受到自己的存在，讓你在這段勇敢的旅程中不再感到孤獨。我希望當你讀完每一個字時，你都能感受到這一點；你能感受到自己完全被看見了。

我撰寫這本書的初衷是很深遠的。我想讓你掌握豐富的知識，幫助你增強能力，這就是為什麼我一定要講述這種治療方案背後的科學原理。我還希望你不僅能了解代際療法，還能獲得將其付諸實踐的指南。本書就是治療血脈創傷的路線圖。

在本書的第一部分〈你繼承了什麼？〉中，我希望你開始看到自己是如何陷入代際痛苦的循環，但更重要的是，我希望你看到自己是帶著裝備來進行這項工作。你能夠採用自己獨特的打破循環者身分，同時與以創傷為中心的身分決裂。這是你的進化和癒合過程中的關鍵一步，因此是旅程中所奠定的重要基礎。然後，你開始認識到自己身上存在的代際復原力，並將其進一步發揚光大。我們代代相傳的韌性經常被忽視，因此這本書不僅幫助你記住它的存在，而且以更深刻的方式吸收這種智慧。然後，我們把重點放在身體上，當我們想從生存模式中過渡出來時，如何放鬆身體是必須要做的。

你能夠捕捉到身體如何在短期和長期內受到與創傷連結的慢性壓力的影響。然後，你學會了如何透過「打破循環」練習來實現神經系統深層次的放鬆。同時，你還了解到如何將這種深層神經系統復位融入日常生活，以抵消世代創傷的影響。最後，你了解了創傷的層次，以及這類情感傷害在生理和心理上的殘留。在此基礎上，你透過制定代際創傷癒合評估和你的「代際創傷樹」來幫助你透過世代，了解發生在你身上的事情。你在這裡做了一些繁重的工作，爲你的代際工具箱增添了語言和工具，這是你邁向情感解放必不可少的第一步。

在第二部分〈抽絲剝繭〉中，我有意識地開始爲你的學習增加層次。每一層都是我希望你掌握的重要拼圖，對於幫助你了解代際創傷的全貌至關重要。

你能夠捕捉到誘因、記憶和神經系統的代際線索，同時學習如何從靈魂深處釋放這些創傷記憶。你還能深入探討循環打破者最難內化的代際痛苦的概念之一，那就是我們的父母可能有未解決的內在小孩創傷，而這些創傷會代代相傳。意識到這一點時，我們會對他們沒有解決自己的創傷而可能造成的痛苦百感交集，但這也爲我們提供了一個治癒他們無法治癒創傷的機會。爲了做好這項工作，關鍵是你要繪製出更廣泛的代際童年逆境經驗，回答「在你身上發生了什麼？」「在你之前發生了什麼？」以及「在你周圍發生了什麼？」由於我們不是孤立存在的，而是存在於滋生創傷的文化之中，因此，對你來說至關重要的是，要捕捉到虐待、毒性關係、有害的文化價值觀和系統性疾病的循環，也是這個龐大的代際創傷之網的一部分。透過這一切，你被召喚去爲這些層層疊疊的創傷做點什麼。指導你如何放棄不作爲，在個人和集體層面採取行動，這樣你自己從代際創傷中解放出來的過程才能更加持久。

最後，在第三部分〈煉化你的遺產〉中，我們將捨棄舊有、迎接富足。在這一部分，你的代際創傷後成長是核心，你需要褪去層層的痛苦、期望和價值觀，它們不再爲你服務。這是悲傷和失落的時刻，也是提升和進化的時刻。在這裡，我們提高了你的韌性，這種能力是跨世代的，同時我們還透過以你的代際富足目標爲中心的養育方法，爲後代著想。最後，我們將建立爲你自己和後代所反映的遺產和具體化你的新遺產。這就是你的餘生，一個代際解放的人生。

現在，你來到了這裡，歷經了完整的治療方案。這一刻，你可以撼動那棵家族之樹，讓最後一片腐葉飄落。這一刻，你要修剪一直生長著你的痛苦的根鬚，改變那貧瘠的土壤。在你生命的這個時代，你的樹幹會長出新的年輪，反映出你如何打破循環。在自然界中，當發生改變樹木生長的事件時，比如大風暴或地震，就會在樹的年輪上留下印記，表明發生了重大轉變。當你打破創傷循環時，你的家族樹幹上也會留下類似的印記。你留下的印記標誌著重大轉變已經發生。這個過程的美妙之處還在於，樹的舊年輪成為樹的死亡部分，而新年輪則標誌著樹的生命力。因此，你在打破循環的時代中建立的成長，將使你和你的血脈保持活力和富足。透過你的勇氣，你已經做到了。建立世代傳承是有可能的，它始於一個鼓起勇氣這樣做的靈魂。你就是那個人。你是你的後代最狂野夢想的祖先，你是你家族的英雄。

代際療癒工作需要你每天都致力於以本書的方式，並鼓起勇氣執行。未來旅程的其餘部分將由一些細小的時刻組成，這些時刻將繼續鞏固你在此所制定的遺產。這需要你承諾拋棄舊有的模式，擺脫讓你成為循環守護者的身分和個性，繼續從孳生創傷的人和規範中釋放自己。這將是一段以祖先的安息為中心的旅程，因為尊重自己的療癒可以幫助祖先安息，因為他們明白你正在做的艱難工作是幫助你從血脈的負擔中解放出來。在這裡，你承諾不再踏入循環，甚至與保持同樣承諾的人連結。當你捨棄舊的東西時，你就會迎來一個空間，用能夠展現富足的東西來取代它。所以，做為最後一個反思問題，我想問你：「什麼將取代那些舊有模式？」你可以選擇。這是任何創傷都無法奪走的力量泉源。更美妙的是，你每天都可以做出這樣的選擇。每一天，你都會有新的機會繼續打破循環。我希望你選擇勇敢之路，回到任何你覺得有必要的練習，繼續建立世代福祉。

我的母親最近對我父親、我妹妹和我說了幾句美麗的話，幫助我更全面地理解這趟打破循環的旅程敦促我們要做的事情。在反思她所遭受的一切以及他人給她帶來的一切痛苦時，她說她不再心甘情願地抓住痛苦不放。在六十五歲那年，她決心放下背負了六十多年的重擔，不想再把代際的負罪感裝在從多明尼加共和國運來的行李中。她準備跨越世代的創傷走向富足。爲此，母親說出了所有她說過的話當中最能治癒心靈的一句話。她說：「Estoy en mi era de paz.（我在我的和平年代。）」我的母親正在實踐她的和平遺產，我親眼看到她像她的內在小孩一樣開懷大笑、擁抱我們，而不會被過多的情緒所籠罩，我還看到她的眼睛裡折射出無拘無束的喜悅。父親還表達了一個牽動我心弦的想法，幫助我看到了我們一直生活在富足之中。他和我進行了一次發自內心的談話，談到了我們家族的幾代人，以及儘管我們的生活遭受了多重痛苦的打擊，但仍有一個核心讓我們的家族根深柢固。他指出，無論我們每個人如何承受，都繼續傳承「愛的遺產」。這就是我的父母能夠給我的遺產：愛的遺產、愛的行動。我接受了這一點，並哀悼他們無法提供的東西。我接受了他們提供給我的東西，並以治癒的形式在這裡爲所有人建立了愛，讓我們永遠可以依靠，就像我投入父母的懷抱去尋求愛一樣。我的外甥艾登，也就是遺產的承繼人，可以體驗到一個深獲世代自由的家庭，而不是深陷世代創傷的家庭。我想不出還有比這更好的禮

附錄A　圖娜阿嬤的檸檬香茅療傷茶

檸檬香茅具有提高免疫力、幫助改善睡眠、減輕疼痛、調節糖分、調節膽固醇水平、調節荷爾蒙等功效，還具有抗氧化特性，以及其他許多世代流傳的促進健康的好處。

檸檬香茅療傷茶：

準備時間：五分鐘。

飲用時間：五分鐘。

總療癒時間：十分鐘一個循環。

材料：

❖ 一湯匙切碎的新鮮香茅莖。

❖ 一茶匙磨碎的新鮮生薑。
❖ 三片切碎的新鮮羅勒葉。
❖ 一湯匙蜂蜜。
❖ 一根肉桂。

作法：

將檸檬香茅、生薑、羅勒、蜂蜜和肉桂混合在一起放進濾茶器，放進馬克杯。加入沸水，浸泡五分鐘後飲用。

（草藥和植物藥使用免責聲明：每個人的身體構造不同，對天然草藥和植物藥的反應也不同。本書提出的所有建議僅供參考，請謹慎使用。

請諮詢當地精通使用植物藥草的治療師，這樣你才能最好地了解什麼樣的藥草對你的身體、心靈和精神能夠達到最佳治療效果。）

附錄 B　代際創傷癒合定心技巧

1. 代際的情緒釋放技巧（EFT）
2. 漸進式肌肉放鬆法
3. 創傷資訊瑜伽
4. 藏傳瑜伽（Lu Jong）
5. 聲浴靜心
6. 腹側迷走神經刺激
7. 有節奏的呼吸
8. 引導式靜心
9. 舞蹈運動療法
10. 想像練習

11. 身體掃描
12. 生物回饋
13. 搖擺
14. 哼唱
15. 瑜伽靜坐
16. 太極拳／氣功
17. 念誦心咒
18. 日記
19. 燭光下的伸展運動
20. 五感接地

附錄C　整合療法

1. 拔罐療法
2. 反射療法
3. 桑拿治療
4. 淋巴按摩
5. 營養補充
6. 針灸
7. 平衡脈輪
8. 靈氣
9. 用心烹飪和飲食
10. 低溫刺激

11. 平衡腸道菌群
12. 芳香療法
13. 園藝（植物療法）
14. 自我按摩
15. 捕捉日出或日落
16. 戶外心靈漫步
17. 熱水浴
18. 茶道
19. 藝術創作
20. 自然陽光

附錄D　聲浴靜心

請聆聽由瑪麗・布奎醫師策畫的聲浴靜心療法。

透過掃描，我確認我已閱讀並同意企鵝蘭登書屋的隱私權政策和使用條款，並了解企鵝蘭登書屋出於該政策所列目的收集、披露、出售或共用某些個人訊息，並根據位於此處的隱私權政策保留個人訊息。

聲浴靜心音檔：

Eurasian Publishing Group
圓神出版事業機構
用心與你對話．視野無限寬廣
究竟出版社
Athena Press
www.booklife.com.tw
reader@mail.eurasian.com.tw
心理 086
世代的創傷到我為止：卸下包袱，重塑正向能量
Break the Cycle: A Guide to Healing Intergenerational Trauma
作　　者／瑪麗．布奎（Dr. Mariel Buqué）
譯　　者／盧相如
發 行 人／簡志忠
出 版 者／究竟出版社股份有限公司
地　　址／臺北市南京東路四段 50 號 6 樓之 1
電　　話／（02）2579-6600．2579-8800．2570-3939
傳　　真／（02）2579-0338．2577-3220．2570-3636
副 社 長／陳秋月
副總編輯／賴良珠
責任編輯／歐玟秀
校　　對／歐玟秀．林雅萩
美術編輯／李家宜
行銷企畫／陳禹伶．蔡謹竹
印務統籌／劉鳳剛．高榮祥
監　　印／高榮祥
排　　版／杜易蓉
經 銷 商／叩應股份有限公司
郵撥帳號／ 18707239
法律顧問／圓神出版事業機構法律顧問　蕭雄淋律師
印　　刷／祥峰印刷廠
2024 年 6 月　初版

定價 440 元　ISBN 978-986-137-447-5

建立世代傳承是有可能的，它始於一個鼓起勇氣這樣做的靈魂。你就是那個人。你是你的後代最狂野夢想的祖先，你是你家族的英雄。

——《世代的創傷到我爲止：卸下包袱，重塑正向能量》

國家圖書館出版品預行編目資料

世代的創傷到我為止：卸下包袱，重塑正向能量 / 瑪麗·布奎（Dr. Mariel Buqué）著；盧相如 譯. -- 初版. -- 臺北市：究竟出版社股份有限公司，2024.6
304 面；14.8×20.8 公分 -- 心理；86）
譯自：Break the cycle : a guide to healing intergenerational trauma
ISBN 978-986-137-447-5（平裝）

1.CST：心理創傷　2.CST：心理治療

178.8　113005319